中 華 教 育

1937年，

南京記憶

徐志耕 著

姚 紅 繪

目 錄

序

寫在《1937 年，南京記憶》
出版之時

　　二○一七年三月末，細雨濛濛的一個周六上午，江蘇鳳凰少年兒童出版社的編輯陪同著名報告文學作家徐志耕先生來到紀念館，説志耕先生準備以其報告文學佳作《南京大屠殺》為史料基礎，為當下的孩子編寫一本講述八十年前南京大屠殺史實的讀物。怎樣向孩子們講述大屠殺，是一個難題，我一直對志耕先生的這本書心懷期待。

　　志耕先生當過十八年的軍事記者。一九八六年，他以記者和作家的身份開始採訪南京大屠殺的倖存者。正是盛夏季節，他騎着一輛鳳

凰牌自行車，開啟了他對南京血史的民間調查 ——

那是對近一百個災後家庭的採訪實錄。

最初的採訪是困難的，一輛自行車伴隨着他早出晚歸，辛苦是必然的。更為艱難的是，找到了這些倖存者們，重提刻骨銘心的創傷和埋在他們心中的仇恨，又會刺傷這些老人。尤其是受到侵華日軍欺凌的女性，已經兒孫成羣，回憶那些隱祕的傷痛，她們因感到恥辱、恐懼、害怕而拒絕。志耕先生迂迴曲折、循循善誘，把受訪者當作親人和朋友，曉以民族大義、再三耐心說服，三個多月的時間裏，近一百位倖存者向他敞開心扉，訴說了生命中不忍回首的戰爭厄運，訴說了原有史料中找不到的具體情節，還為他提供了大量豐富而生動的線索素材，這一切都讓志耕先生一步一步地接近了真實 —— 戰爭災難中人的真實內心、南京大屠殺悲劇歷史的真相。

那一段時間，他沉浸在創作的激動和亢奮中，每採訪到一位老人，都能讓他獲得一段悲憤的故事，戰爭是如此的複雜而豐富，這種複雜而豐富的故事是任何和平年代的作家都想像不出來的。志耕先生曾多次暗自發誓：「這本書一定要寫好，寫不好，我將愧對這些受訪的老人，將愧對歷史，我將扔掉手中的這支筆。」鋪開稿紙，如何下筆呢？他再三思量，決定突出一個字 ——「真」。

　　緊扣一個「真」字，他把侵華日軍的暴行和無數無辜生命的冤恨，用文字進行了歷史的鐫刻；

　　緊扣一個「真」字，他描摹了從淞滬戰場到南京保衛戰，中國軍人英勇抵抗、浴血奮戰、誓死殺敵的民族尊嚴和凜然正氣；

　　緊扣一個「真」字，他記錄了血雨腥風的一九三七年十二月，二十多位不同國籍的外國人組成的「南京安全區國際委員會」，秉持人道主義精神，為保護南京難民而做出的種種善行，包括今天被我們所熟知的德國西門子公司駐華總代表拉貝先生、美國女教師魏特琳女士等；

　　緊扣一個「真」字，志耕先生對這場悲劇進行了深刻的自省和反思，在作品中揭露敵人殘暴本性的同時，深入解剖了苟且偷生和怯懦膽怯者的靈魂；

　　正因為其作品的「真」，產生了巨大的社會影響。許多人對南京大屠殺的了解也是從這本書開始。對志耕先生為傳播這段歷史所做的貢獻，我十分敬重。

　　今天的紀念館，在全社會的支持和歷任館長及團隊的努力下，已經由小變大，正在向國際化的場館發展。特別是二〇一四年二月二十七日，第十二屆全國人大常委會第七次會議通過決定，將每年的

1937 年，南京記憶

十二月十三日設立為南京大屠殺死難者國家公祭日；二〇一五年聯合國教科文組織將「南京大屠殺檔案」列入《世界記憶名錄》，南京大屠殺的國際影響日增。這些進程，無不飽含着許多專家學者付出的艱巨努力和巨量的基礎性工作。志耕先生的報告文學出版之前，國內涉及這一屠殺事件的圖書還不多。這是一頁不該忘記的歷史，志耕先生從茫茫書海中搜尋、從茫茫人海中尋訪，向世人奉獻了中國作家寫的一部全面、真實、生動而深刻地反映南京大屠殺歷史的悲劇長卷，是民族苦難的縮影，是史詩性的報告文學佳作。

我是二〇一五年底到紀念館工作的，轉瞬之間，兩年已經過去。兩年來，我們接待過上千萬觀眾，其中包括許多來自世界各地的代表團和民間訪問人士，組織過多場中外學者「南京大屠殺」國際學術研討會，舉辦過「9‧18」撞響和平鐘活動、紫金草大地手繪活動，等等。剛剛過去的這個十月，我們還邀請了國際友好人士約翰‧馬吉之孫用鏡頭記錄今天的南京。紀念館正在向國際化的路上不斷邁進。

我們去年做了一個統計，在眾多的參觀者中，三十歲以下的年輕人佔到七成，其中有很多青少年。每天走在館區，看到川流不息的人羣，我的內心感慨良多。我不止一次地想起早春時節，江蘇鳳凰少年

兒童出版社提及的志耕先生的新書。

記得當時，我們的話題曾在幾個關鍵詞上久久停留：

第一，孩子們的視角 —— 既要直面歷史，也需要注重青少年讀者的認知特點。

南京大屠殺是一場舉世震驚的大悲劇！長達六周的血腥大屠殺，江河一片赤紅，街巷積屍成壘，四野火焰沖天。如何向孩子講述大屠殺這個沉重的話題？兒童視角對於作家來説，一定是一份糾結和責任考驗。

第二，圖文並茂 —— 以圖文記錄史實，文字為主線、飾圖為輔線。

圖文並茂地説完一件事，似乎是兒童圖書區別於成人圖書的一個標誌。就好比是説，兒童圖書比成人圖書多了一個工具，那就是圖畫。江蘇鳳凰少年兒童出版社的編輯執着地憧憬，將圖畫的元素嵌入這部報告文學作品中——以文字及少量大屠殺時期的資料圖片為主體，向小讀者展示戰爭的慘烈和殘酷；以手繪圖畫作為版面飾圖，呈現一九三七年南京的生活萬象、市井百態。這樣雙線交織，既給小讀者説明戰爭的殘酷，又用圖畫説明和平的珍貴，二者相互交織，並行着貫穿全書。

此刻，當我打開江蘇鳳凰少年兒童出版社寄來的校樣，我的眼前頓

時為之一亮 —— 經過作家和出版社的攜手努力，這兩點得到了實現：

第一，為了顧及兒童視角，作家從洋洋灑灑三十三萬字的作品中，挑選出適合於兒童閱讀的內容，尊重史實、重新編排體例、全文修訂改寫，呈現給孩子的是十八萬字的文字主體。

第二，為了做到圖文並茂，出版社邀約著名畫家、南京藝術學院插畫系教授姚紅女士，為志耕先生的文字配上了全套版面飾圖，一九三七年南京的街巷、店舖、民居、河流、去洋學堂讀書的小孩、電影海報、標語、招貼、老少行人，全都隨着頁面的翻動變化更替，像是隨意所致，實則費盡心力。

秋天到了。
南京城高大的懸鈴木，落葉飄零；
東郊的楓葉，映紅了山巒；
南郊的秋景平坦遼闊，我辦公室窗外的竹叢卻翠綠依舊。

我們在春天的時候聊起的這本書，也一天一天地完善，即將走向讀者。三十年已經過去，早年接受過志耕先生採訪的倖存者們，一個又一個地離開了這個世界，我們應當感謝志耕先生，是他搶救了這批

寶貴的歷史史料 —— 有温度的聲音、泣血的文字、可供一次次回放的
悲慘瞬間,全部收錄在這本書裏。三十年前他在南京城鄉採訪的近一百
位倖存者的三本記錄本,已經捐獻給了紀念館,我們將作為珍貴史料收
藏。報告文學,是事實的再現,是歷史的復活。志耕先生秉筆直書,突
破了時間和空間的局限,為少年兒童創作的這部作品,我相信五十年、
一百年之後,仍舊會站立在書架上;白皮膚、黑皮膚、黃皮膚的孩子
們,都能從這本書中找到共同的話題。

感謝志耕先生。感謝江蘇鳳凰少年兒童出版社。

張建軍　侵華日軍南京大屠殺遇難同胞紀念館館長

楔 子　大地在訴說

這是一座以陵墓為勝跡的城市。自從兩千四百多年前越王勾踐在秦淮河邊修築越城後，這裏戰火連年，烽煙不絕。楚勝越，晉滅吳，隋亡陳，南唐、大明、太平天國、辛亥革命，虎踞龍盤的石頭城諸侯爭鬥，帝業興衰，六朝金粉，灰飛煙滅，只落得秦淮水寒、鍾山荒丘！

明孝陵、靈谷寺、雨花台、中山陵，還有吳王墳、南唐二陵、六朝王陵，一處處古跡留下了一塊塊石碑。每一塊石碑都是一位先人，向後人訴說着它的榮耀和它的不幸。

悲歌和歡歌編織了歷史。石頭城的人們，世世代代述説着有關這座古城的故事，述説着這座古城的血淚和仇恨！

我在大街小巷中穿行。我敲開了一家又一家的門，尋訪經歷過浩劫的老人。我想用他們的苦難和血淚，編織一個巨大的花環，獻給不幸的人們。

很抱歉，我打擾了老人們的平靜和安寧，我觸動了老人們深埋在心底裏的不願再提起的悲哀。提起它，他們恐懼，他們驚慌，他們痛苦，他們憤怒！四牌樓街道的涂寶誠指着一扇舊板壁對我説：「原來這上面有我父親被害的血跡，現在血跡逐漸淡沒了，可日本兵給我心裏留下的創傷，是一輩子也抹不掉的！」長白街的老人熊華福訴説了他被侵華日軍害得家破人亡的苦難後，沉痛地説：「世上甚麼苦都能吃，可千萬不能當亡國奴！」

我在濃蔭如傘的泡桐和高高的棕櫚樹下推開了老式樓房的小門，一位矮個子的白髮老婦步履蹣跚地笑着迎出來了。我遞過介紹信，她一看，臉色立即變白，淚水順着密密的皺紋淌下來，她的手和腿都在微微地顫抖。她的丈夫和哥哥等四個親人都被侵華日軍殺害了，她守寡了五十年！

慈眉善目的宏量法師是虔誠的佛教徒。當我問及日本侵略軍在南京的暴行時，他抖動着白髮白鬚，哭訴了僧侶們的苦難。他的師父梵根是長生寺的住持，日本兵來時，他正帶着弟子們跪在大殿中合掌念佛。兇暴的日軍一個一個地把佛門弟子拉到殿下的丹墀上，一槍一個，一連殺了十七個！

　　江水滔滔。一位在侵華日軍集體大屠殺中的倖存者指點着五十年前受害的現場——長江邊，聲淚俱下：「那時江邊全是屍體，長江水都是紅的！」

　　血海、火海，銘刻在人們的心海！兩眼紅腫的夏淑琴大娘哭泣着向我訴說了她的悲哀：「我那年才八歲，日本兵一來，全家九個人被殺了七個，只剩下我和吃奶的妹妹，我天天哭，眼睛哭爛了，爛了五十年了，一直看不清！」

　　經歷磨劫的老人們捧出死難者的照片給我看，掀起衣襟露出一塊塊的傷疤給我看。他們還把埋藏在心頭最隱祕的、羞與人言的深仇大恨講給我聽。啊！我的被欺凌和被污辱的同胞！

　　近百位老人悲愴地向我訴說了那一頁不堪回首的歷史，我的心在顫抖，我的神經像觸了電！我驚愕了：這綠色古城的昨天，曾是一片血泊火海！

　　南京，因為她染上了太多的血，因而她生長了更多的綠。我對這綠蔭森森的城市忽然陌生了，都市的喧鬧聲變成了三十萬鬼魂的呼號。

　　今天人流如潮的鼓樓商業區，當年是屍山血塘！車水馬龍的新街口矗立的高樓金陵飯店，五十年前是趕馬車的崔金貴搭蘆蓆棚躲避日本兵的地方。他對我說：日軍進城的第二天，新街口橫七豎八地躺滿

了中國人的屍體。對面那幢粗大的黑色圓柱支撐的中國銀行，那時是日軍的司令部！蒼松如濤的靈谷寺四周，當時屍橫遍野，白骨散亂，三千多位遇害者叢葬一起，立了一塊「無主孤魂碑」！

一位目睹當時情景的外國傳教士曾說：「知道但丁在《神曲》裏描寫的煉獄的人，就不難想像陷落時的南京。」

從一九三七年十二月十三日至一九三八年一月的四十幾天時間裏，侵華日軍在南京屠殺了三十萬個中國人。三十萬個生靈，是三十萬條生命！三十萬個人排起來，可以從杭州連到南京！三十萬個人的肉體，能堆成兩幢三十七層高的金陵飯店！三十萬人的血，有一千二百噸！三十萬個人用火車裝載，需兩千五百多節車廂！

震驚中外的「南京大屠殺」是與奧斯威辛集中營一樣的人類毀滅人類的大悲劇！它是獸性虐殺人性、野蠻扼殺文明的紀錄！那是人退化為獸的日子！

我從金色的天堂之門進入了黑色的地獄之門。我見到了從來沒有見到過的大地在訴説一羣又一羣怪物。是人？是神？是獸？是魔？是妖？是鬼？我聽到了從來沒有聽到過的獰笑、悲號、慘叫、乞求和祈禱。

這是人間的不平和人類的不幸！

第一章　十三——黑色的數字

像東方人信奉佛教一樣，西方人信奉《聖經》的神聖。《聖經》中說，耶穌與他的十二個門徒共進晚餐，緊靠在桌邊的猶大顯得卑劣和恐懼，右手緊握着出賣老師而獲得的一袋金幣。因為猶大的出賣，耶穌被釘死在十字架上。因此，「十三」是個不吉祥的黑色的數字。荷蘭的街道上找不到十三號門牌，英國的電影院裏沒有十三排和十三號座位，美國人聞十三而色變。

就在這一天 —— 一九三七年十二月十三日，侵華日軍殺進了當年的中國首都南京！

陷　城

夜深了，槍炮聲漸漸稀落下來，只有城內的一些地方還朝漆黑的夜空發射一串串紅紅綠綠的信號彈，這是漢奸們為敵機指示轟炸的目標。

中華門城樓上，團長邱維達剛剛指揮過一場激戰。兩個小時以前，三營營長胡豪來電話報告，中華門與水西門之間城牆突出部有一段已經被敵人突破，攻城的日軍正在用繩梯向上攀登。

透過黑朦朦的夜霧，巨龍般的城牆已經被日軍的飛機和炮彈轟塌了好幾處垛口。雨花台下午已經失陷，此刻，這裏就是第一線了。他在電話中發出命令：

「挑選一百名精壯士兵組成敢死隊，一小時內將敵人反擊出去，任務完成，官兵連升三級！」

從一九三七年八月十五日起，日機開始空襲南京。

　　放下話筒，他走出指揮所，命令機槍大炮直接掩護。這時，勇猛的胡豪率領敢死隊吼叫着衝入敵陣。刺刀與刺刀相擊，寒光與寒光相映，槍彈對射，鮮血飛濺，殺聲震天。頑固的敵人與無畏的勇士抱成一團，廝打着、拼搏着，有的一齊滾下了城牆！不到一小時，突入城牆的敵兵全部被肅清，還活捉了十多個。短兵相接中，胡營長和劉團副都中彈倒下了。

　　這時，師長王耀武來了電話：「全城戰況很亂，抵抗已不可能，為了保存實力，部隊在完成當前任務後，可以相繼撤退，撤退方向為浦口以北。」

　　放下電話，他立即感到情況不妙。敵人還在反撲，戰鬥正在繼續，怎麼能撤退呢？中校團長邱維達為此也拿不定主意，只好找來幾

位連長、營長一起研究撤退方案。

手電筒在地圖上照了幾下，雨點般的機槍子彈就朝指揮所掃過來了。邱團長左腿中彈，正傷着動脈，血流如注，只好用擔架抬下城牆。一直到下關，他才甦醒過來。

接到撤退命令的部隊大都撤下了陣地。十三日凌晨零點十分，日軍第六師團的前鋒長谷川部隊攻入了南京城門中最堅固的中華門。接着，日軍的岡本部隊也衝入城內。南京城的南大門陷落了！

凌晨三點，守衛中山門的國民黨中央軍官學校教導總隊和保安警察第二、第四中隊在激戰了三天後，損失慘重。敵人連續重炮猛轟，守城官兵奮勇抵抗，但鋼筋水泥築成的永久工事，卻經不起任何炮火的轟擊。原來，工事的橫樑用竹子代替了鋼筋，雖然外面抹了水泥，裏面的竹子早就腐爛了。教導總隊是蔣介石的鐵衛隊，不僅裝備精良，幹部又都是蔣介石的親信，怎麼受得了這樣的屈辱？當時羣情激憤，一致要求報告蔣介石，嚴懲修築城防工事的警備司令谷正倫。

又是一陣猛烈的炮擊，金紅色的炮火和灰黑色的硝煙在城牆上升騰。又有一些人倒下了，傷兵們在不停地呻吟。守城的官兵明知大勢已去，還是狠狠地發射了一陣炮彈，捷克式機槍的彈雨密集地向城外的日軍陣地掃射。

德國裝備的教導總隊的官兵和警察開始退卻了。

天慢慢地亮了，攻擊南京東城中山門的大野和片桐部隊的日軍狂叫着衝過鐵絲網和護城的大水溝。有一些日軍在衝到衛橋時，踩響了地雷，死傷了十幾個。

先頭衝向城門的日軍不顧城牆上掩護撤退的守軍居高臨下的射擊，像黃蜂一樣地從被轟塌的缺口處爬上了城牆。有的吼叫着去搬掉

封住城門的沙袋，一部分日軍在城牆上下搜索守城的中國軍人，遇有不能動彈的傷兵，便惡狠狠地用刺刀一個個地殺戮。

失去了抵抗力的守軍成了侵略者的俘虜。十多米高的中山門城牆上，排列着一隊放下了武器的國民黨官兵，他們用驚惶的目光看着戰勝者兇狠而驕橫的神態。寒風颼颼，他們顫抖着。

日本兵端着明晃晃的刺刀衝過來了，他們吼叫着，一個一個地朝着俘虜的胸部、腰部猛刺，鮮血飛濺。隨着一聲聲吶喊和慘叫，俘虜們一個又一個地被捅下了高高的城牆。

協助二五九旅守衞光華門的八十七師副師長兼第二六一旅旅長陳頤鼎，望着茫茫夜空，傾聽着遠遠近近稀落的槍炮聲，心中急得火燒火燎。已經是十三日凌晨了，無線電台與師部聯繫不上，中山門方向的城牆上已經看不到甚麼守兵，黃埔三期的青年軍官納悶兒了。正在這時，派去打聽情況的孫天放副旅長騎着自行車氣喘吁吁地回來了，他說：

「有不少部隊都撤退了，下關很亂，沒有人指揮，很多人擠在那裏，看樣子南京不守了。」

陳頤鼎想：不會吧，既然撤退，我們怎麼沒有接到命令呢？何況眼前與敵人正面對峙着，背後是護城河，右邊老冰廠高地上的敵人封鎖了去光華門的通路。但不知為甚麼，光華門也聽不到炮聲了，他還是指揮部隊抵抗。天微微亮了，城內好幾個地方起火了，好像是新街口和鼓樓。二六一旅已經犧牲了兩三百個官兵，傷員增加到五百多，眼下進退兩難。他不敢撤，因為戰前是立過軍令狀的。

陳頤鼎拿起電話，想與守衞光華門的二六〇旅劉旅長聯繫一下，叫他往這邊靠攏。電話不通，原來二六〇旅已經撤退了。

不能再猶豫了。陳旅長召集營以上軍官在一間小房子裏開了會。大多數人説，只有撤退，才能脱離包圍。他不敢擅離職守，他的部屬一個個在決議上簽名，表示共同負起撤退的責任。

殘兵敗將抬着傷兵，跌跌撞撞地穿過彈雨，向着城西北的長江邊逃命。

光華門城牆內外的散兵壕裏填滿了屍體，橫在道路上的沙包和圓木還在燃燒，旁邊躺倒着不少死者。日軍的坦克車轟隆隆地從屍體上軋過去，衝過了五龍橋，衝過了午朝門！

南京淪陷了！十二月十三日這一天，侵華日軍的隨軍記者們以最快的速度，向日本國發出電訊：

【同盟社大校場十三日電】大野、片桐、伊佐、富士井各部隊，從以中山門為中心的左右城牆爆破口突入南京城內，急追敗敵，沿中山路向着明故宮方面的敵中心陣地猛進，轉入激烈的街市戰，震天動地的槍炮聲在南京城內東部響個不停。敵將火器集中於明故宮城內第一線主陣地，企圖阻止我軍的進擊，正在頑強抵抗中。

《朝日新聞》在日軍攻入南京城時主要以照片的形式發了號外。《讀賣新聞》在同一天的「第二晚刊」上也用「完全置南京於死地」「城內各地展開大殲滅戰」的標題做了報道：

【浮島特派員十三日於南京城頭發至急電】由於我左翼部隊渡揚子江佔領浦口，正面部隊拿下了南京各城門，敵將唐生智以下約五萬敵軍完全落入我軍包圍之中。今天早晨以來，為完成南京攻擊戰的最後階段，展開了壯烈的大街市戰、大殲滅戰。防守南京西北一線的是白崇禧麾下的桂軍，粵軍在城東，直屬蔣介石的八十八師在城南各地

區繼續做垂死掙扎，但我軍轉入城內總攻後，至上午十一時已控制了城內大部分地區，佔領了市區的各重要機關，只剩下城北一帶尚未佔領。市內各地火焰沖天，我軍亂行射擊，極為壯烈，正奏響了遠東地區有史以來空前悽慘的大陷城曲，南京城已被我軍之手完全置於死地，對事變以來的戰局來說，重大的審判業已降臨。

江水滔滔

敗兵像潮水般向江邊敗退。

營長歐陽午聽說挹江門被堵塞了，就帶着三個步兵連、一個重機槍連和一個迫擊炮排從煤炭港方向來到下關，這時，是十三日的零點。

下關碼頭人山人海。他擠來擠去地找他的團長張紹勛，張團長沒有找到，卻遇到了二一五團的伍光宗團長，伍團長說：「這個時候哪裏找得到人，你快帶部隊找船過江吧。」

哪裏去找船呢？沿江馬路擠滿了退下來的散兵、敗兵、火炮、車輛和逃難的男女老小，哭喊聲、叫罵聲連成一片。日軍的偵察機不時像旋風般地飛過來，在江邊扔下幾顆刺人眼目的照明彈，嚇得人抱着頭到處亂跑亂叫。

雖是寒冬天氣，江面上黑壓壓的全是人。沒有船，他們用門板、木盆、櫃台、毛竹、電線杆，連肉案子和水缸都抬出來當作渡江工具，也有因為爭奪渡江的木頭而相互開火的。只要能找到漂浮的東

西，都抱着往江裏跳！敵人的艦艇已經突破烏龍山炮台，向着江面亂掃機槍。槍彈飛迸，江水滔滔，江上一片悲聲！

傳令班長王錦民帶來了十多個士兵，一個個手拿駁殼槍，好不容易從粵軍第六十六軍控制的船中弄來了四條船。船少人多，還沒有等到靠岸，人們都像餓狼撲食似的跳上去了，有的船當場翻沉，重機連和炮排都沒有上船。天亮到達江北，歐陽午一點人數，全營只有一百多人渡過了長江。

與陳頤鼎將軍相比，營長歐陽午還是走運的。陳頤鼎帶着殘部天曚曚亮趕到下關車站時，碰到了師部的一位副官。這時他才消除了擅離陣地的恐懼心情，因為軍長王敬久和師長沈發藻頭天就撤退到了江北。他又氣又急，糊裏糊塗地打了五天的南京保衛戰，不但上級的面一次也沒有見到，連撤退命令都不傳下來。要緊的是眼下，怎麼帶領部隊渡過長江？

他和二六〇旅旅長劉啟雄研究，胖乎乎、黑乎乎的劉旅長説：「走上新河，向蕪湖方向突圍。」

陳頤鼎説：「不行，日軍是大包圍，先奪蕪湖，再打首都，還是沿江邊到龍潭，走山路往浙江方向去。」

性情暴躁的劉啟雄不同意，他説：「發餉！每人十萬中國銀行的票子，先到難民區去躲一躲再説！」

他帶了一些人進城了。近百人跟着陳頤鼎往下游走，越走人越多，不是八十七師的官兵也跟上來了。大家一看領子上一條紅槓加一顆金色三角星的將軍在前面走，都抱着生的希望緊隨這位穿甲種呢軍服大衣的人。陳頤鼎是下關碼頭潮水般退下來的敗兵中最高軍階的指揮官。他一邊走一邊喊：「跟上！跟上！」

午飯後走到燕子磯，他坐在山坡上休息。認識和不認識的士兵圍着他喊：「旅長，我們聽你指揮！」「旅長，我們跟你行動！」

陳頤鼎佈置警衞排在山頭上放好哨，叮囑說：「日軍往南京去，不要睬他，只監視，不鳴槍，天黑我們往茅山方向去。」放好哨，就集合起這支兩三千人的雜牌軍講話，講完目前險惡的處境，他要大家臨危不懼，還講了突圍方向。接着是編組，軍官、軍士、戰士各站一邊。正編着組，山上的哨兵鳴槍了。一聽槍響，幾千人哄的一下散開了，爭先恐後地又往下關方向逃。

哨兵從山上飛跑下來，嘴裏高喊：「日本人上山了，快跑啊！」衞士們拖着旅長往江邊走。江邊沒有船。陳頤鼎回頭一看，日軍已經從山上衝下來了，連黃軍服上的紅領章都看得清清楚楚了。眼看走投無路，他拔出手槍準備自殺，身旁的衞士一把把他抱住了：「旅長，不能開槍啊！」「我不能當俘虜！」他掙扎着。正在這危急關頭，孔副官和特務排的張排長不知從哪裏找來了一塊被敵機炸毀的船板，幾個人七手八腳地推着陳頤鼎抱住木板，穿着黃呢子服的將官泡在江水中喊着：

「都來，弟兄們，要死大家死在一起！」

木板順着江水朝下游漂去。江上黑壓壓的都是逃命的人。日軍的輕重機槍一齊朝江裏掃射，彈雨在江面上激起了一片片的水花，呼喊「救命」的聲浪撕人心肺。漂了不到二三十米，木板就沉下去了。衞士們一看不好，七八個人有三四個放開了木板。有的喊一聲：「長官，保重！」就沉沒了。

陳頤鼎抓着木板的一角。身邊只有兩個衞士了，木板斜立着，在江中時沉時浮。淹死的和被敵艦射殺的屍體不斷從身旁漂過，少將陳頤鼎悲憤萬分，江水和淚水一齊在臉上流淌。

正在掙扎的時候，不遠處漂來用好幾捆蘆柴紮成的浮排，一個人手拿着一塊被單布當作風帆站在上面。衛士向他高喊：「弟兄，給兩千元，救救我們旅長！」

嗆了幾口水的陳旅長也哀求着：「幫幫忙，幫幫忙！」

蘆葦上是一個二十多歲的年輕人，他一見水中漂的是一位將軍，又想救又為難，就說：「不好辦呀，我上面還有一部腳踏車。」

「掀掉，我賠你新的！」陳頤鼎趁着蘆葦捆擦身而過的機會，一手抓住了這個浮排。他手腳都麻木了，迎着江上的西北風，他渾身瑟瑟發抖。

救他的年輕人是教導總隊的看護上士，叫馬振海，安徽渦陽人。士兵和將軍在蘆葦上漂浮，像一葦渡江的達摩。直到天黑，兩人高一腳低一腳地從爛泥中爬上灘頭。他們朝有燈火的地方走去。魚棚裏的老人說：「這是八卦洲，你們還在江心！」

八卦洲上從下關漂浮過來的人成千上萬。上壩和下壩兩個村鎮都擠滿了人。日軍的艦艇包圍了這片沙洲。陳頤鼎在這裏找到了他的幾個士兵。在一個大霧彌漫的清晨，馬振海和幾個士兵捆紮了一個木排，士兵們挎着槍保護着旅長。終於，他們悄悄地渡過了夾江，逃出了淪陷的南京。

也有許多人逃不出南京，也過不了長江，那又是另一種命運了。五十年後的今天，白髮蒼蒼的陳頤鼎悲痛地對我説：「作為將領，我對不起我的士兵。十三日凌晨兩點我們從陣地上撤下來，路過吳王墳時，兩三百個斷腿斷臂的士兵跪在地上攔住我，哭喊着要求帶他們一起走，我當時心都碎了，都是共患難的弟兄嘛，怎麼丟得下呢？可當時實在沒辦法，我只好流着淚向他們道歉。抗戰勝利後，中校營長陳

國儒和一位姓段的連長都拄着拐棍對我説，吳王墳旁邊那兩三百傷兵都被日軍殺害了，他倆是從死人堆裏爬出來的！」

　　那一天，教導總隊參謀長邱清泉是扮成伙夫混出城的。從雨花台敗退下來的師長孫元良化裝後乞求老百姓掩護才脫離虎口。中校參謀主任廖耀湘是靠燕子磯的一個農民連夜用小船送到江北的。守衛光華門的工兵營長鈕先銘逃到長江邊的永清寺，化裝成和尚幾個月才避過災難。每一個經歷過這場浩劫的倖存者，都有一個死裏逃生的故事。

　　戴一副紫色秀琅架眼鏡，講一口濃重的四川話的嚴開運，現已年逾古稀，但對一九三七年十二月十三日這一天的大敗退仍然記憶猶新。當時他是小炮連的代理連長，他帶領隊伍撤退時天已經黑了，從太平門、和平門往下關的城牆邊跑，路上不斷出現「小心地雷」的白色標記。小炮連又有騾馬又有炮，兩個小時的路程走了四個小時，到下關的時候，已是十三日凌晨了。

　　碼頭上亂成了一鍋粥。成千上萬的人在那裏等待過江，可眼前沒有一條船，連一塊木板都難找。有些士兵竟狠砍疊船上的鐵鏈，妄想用浮碼頭渡過長江！嚴開運一見這種混亂場面，立即命令把炮推入江中。一聽説沉炮，士兵們有的流下了眼淚。這些德國造的蘇羅通小炮，曾伴隨他們激戰滬淞、保衛南京。嚴開運對大家説：「事到如今，我們總不能把武器留給敵人！」

　　火炮推入長江後，騾馬們也自由了。等到再集合起來時，人都擠散了，全連只剩下了三十多人。黃埔十期的畢業生嚴開運又急又氣，只好帶着這些散兵沿江而上。人越來越多，有軍人，也有老百姓，照樣是一片混亂。

　　趕到上新河時，天快亮了。前面響起了槍聲。退下來的人説：

「到蕪湖去的路被日本人封鎖起來了！」

「打！」有人憤怒地喊。一個軍官大聲疾呼：「弟兄們，拼啊！我們走投無路了！」「拼啊，不能當俘虜！」人羣中又有人高呼。

混亂的隊伍頓時像潮水般地向敵人衝鋒。小炮連的班長拔出手槍，炮兵們的步槍上了刺刀。敵人的輕重機槍一齊吼叫，許多人倒下了。

衝在最前面的士兵抓獲了一個鬼子，押到後面來時，有用拳打的，有用腳踢的，有用刀戳的，還有用牙咬的。

嚴開運身邊只有四個士兵了。他帶着他們沿着江邊的窪地走動，想在三汊河邊設法過江。

窪地上，躺着一個受了重傷的軍官，正一陣一陣地呻吟。見到有人過來，他一下拉住嚴開運的衣角，哀求他說：「做做好事，補我一槍吧，免得活受罪。」一個叫戴勛的舉起手槍準備打，嚴開運狠狠地瞪了戴勛一眼，欺騙傷員說：「後面有擔架，你再等一等，我們要向前衝。」

三汊河的夾江邊人也很多，能當作泅渡器材的東西早就沒有了。後來，一個背着步槍的士兵騎着一頭水牛下了江，向前走了五六米，牛就回頭了，他用樹枝狠勁地抽打，牛拱了幾下，騎牛的士兵隨着江水漂走了。嚴開運他們四個人找了四隻糞桶，每人解下綁腿帶，翻過來紮成了一個筏子。四個人抱着糞桶在江中沉浮。

忽然，由遠而近響起了一陣尖利的呼嘯聲，幾架敵機在江面上盤旋掃射，彈雨在四隻糞桶周圍濺起一串串的水花。正在這危急的時候，一個四十多歲的中年人劃了一隻小船從北岸過來，他把小炮連的四個官兵救出了險境。嚴開運踏上江北的土地時，已是十三日的傍晚了。

像窪地裏那位重傷的軍官一樣，三〇六團團長邱維達在中華門城樓上負傷被抬到下關後，失去了生的信心和希望。他躺在擔架上，吃

力地對副官説：「把我抬到這裏幹甚麼？與其當敵人的俘虜，不如戰死！」他把身邊的錢都掏出來：「你們拿着走吧，路上好用，不要再管我了。」

副官和抬擔架的士兵都不願離開，有的説：「團長，我們死也要死在一起！」

「好吧，既然我們不能等死，那就想辦法找東西過江吧。」邱維達説。

兩組人各奔東西。在嘈雜的叫罵聲和吵吵鬧鬧的喊聲中，忽然江上傳來一陣呼喊：「五十一師邱團長在哪裏？」邱維達精神一振，立即叫人去江邊尋找。

聲音是從煤炭港方向傳來的。離岸兩百米的地方有一艘小火輪，得知擔架上躺着的就是邱團長，船上的一位副官説：「我是王師長派來接你的！」

原來五十一師師長王耀武過江時，交通部長俞飛鵬問：「還有甚麼人沒有過江？」王耀武説：「邱團長還在後面，負了重傷。」俞飛鵬把這艘船交給了王耀武。

船還沒有靠岸，許多人都跳下江朝船游去，有的當即沉沒了，有的被江水沖走了，攀在船舷上的人差一點要把船弄翻。水手們不敢靠岸，只好用繩子繫住邱維達的腰，把他拖上船。

邱維達又昏過去了，船上的一位軍官拿出一瓶雲南白藥交給副官：「灌下去就會醒的。」

邱團長醒過來後，得知給白藥的軍官是總指揮部的高參，叫何無能。兩人談起了這場敗仗：

「請問總指揮部在甚麼地方，為甚麼一直聯繫不上？」

「坦率地說，唐總指揮負此重任，一點準備也沒有，倉促上陣，連各部隊的指揮系統和兵力駐地都搞不清。」

「你們總指揮部對守城部隊下過幾道命令，通報過幾次情況？」

「這是參謀長的事，我不管這些。」

「開始喊『誓與南京共存亡』，為甚麼現在命令撤退？」

「口號誰都會喊，要真正做到是難上加難的。」

「既然準備撤退，為甚麼不準備好過江的船隻呢？」

「為船隻的事開過一次會，有位軍事家建議按《孫子兵法》說的辦：置之死地而後生。背水一戰，才能『與南京共存亡』。所以唐司令長官下令『部隊不准出城，南岸不許留船』，說是為了守城勝利。這不，我們不是勝利了嗎？勝利的敗退！」

「謝謝何將軍的指教，再見！」

汽笛嗚嗚地響了幾聲，船將靠岸，邱團長的傷口更痛了。

軍刀出鞘

十三日一早，已經躲入安全區的汽車司機徐吉慶，聽到外面轟隆隆的響聲，便出門探出頭來。一看，不得了！馬路上坦克車一輛接着一輛，騎着大洋馬的日本兵手裏舉着血淋淋的長刀，端着槍的鬼子正在砸門，門上用粉筆寫着「××部隊」「×××部隊」。

正當他驚恐地看着這一切的時候，「叭叭」兩槍，華僑招待所門口的兩個中國人倒下了，徐吉慶連忙縮回腦袋。

劉修榮不敢出來，他聽到外面打槍，就用被子蒙着頭蜷曲在牀上，他才十六歲，他怕。

門被砸開了。幾個滿臉鬍子的日本兵端着雪亮的刺刀就往被窩裏戳。劉修榮肚子上被刺了兩刀，疼得哇哇叫。哥哥聽到弟弟的哭叫聲，跑過來用身體擋住弟弟，三四把刺刀刺過來，還打了一槍，哥哥死了。

面對明晃晃的刺刀，四十五歲的韓老六嚇壞了。房東張老闆的兩個兒子都被砍了頭。剛剛結婚的二十歲的兒子小斌被刺得哇哇直叫，韓老六發瘋似的衝過去想救兒子，幾個兇惡的日軍在小斌的肚子上捅了三刀，又把韓老六扔進了水井，還砸下去兩塊大石頭！

十二月十三日，是日軍進入南京「掃蕩」戰的第一天。城東和城北還響着零零落落的槍聲，潰退的國民黨守軍有的還在抵抗。市區的馬路上，敗兵們丟下了許多軍服、槍枝、背包、刺刀和火炮。太陽旗已在南京的城牆上飄揚，勝利了的日本軍正在發揚它的武威，像追殺兔子一樣追殺着中國人。

上午十一點，一隊日軍衝入了外國人管理的安全區。瘦高個子的美籍教授費吳生和另外兩個金髮碧眼的外籍委員趕忙迎上去好言安慰，還小小地招待了一番。一出門，他們就變了臉。一伙中國難民一見日軍就慌忙地奔跑。槍彈齊發，二十個無辜的中國人倒下了。五十歲的社會學博士貝德士驚愕地責問殺人者，日軍的回答是：「因為他們跑。」

其實，跑與不跑結果都是一樣。躲在永清寺石榴園中的一羣難民，一動不動地被殺死了四十六個。已經解除了武裝的五百多名中國官兵押到司法院後，被機槍掃射，烈火燒死。被繩子捆綁着的難民要跑也跑不掉，逃不脫被殺戮的命運。十二月十三日那天，國民政府軍

事委員會高參劉柔遠在去難民區躲避的路上，見到了一千多人被日軍看押着，臂膀與臂膀都用繩索縛在一起，有西裝筆挺的，有長衫拖地的，有光頭赤腳的，有穿衣戴帽的，也有的是十三四歲的童子。

突然，機關槍「嗒嗒嗒」地掃射了，子彈打着人的身體，立刻着起火來，受難者在地上翻滾呼號。

還有更殘暴的事情。長江邊的棉花堤旁，日軍的一個伍長和一匹軍馬在激戰中被中國軍隊打死了。十二月十三日這一天，鬼子從地洞裏拉出十三個老百姓跪在墓前，用東洋刀一刀一個砍下了十三顆血淋淋的頭顱，並排擺在木板製作的墓碑前面，紅色的頭顱旁，有兩束黃色的野菊花。這是我去棉花堤採訪時，目擊者鍾詩來講述的。

從這天起，南京沒有了光明。下關電廠的工人們都躲起來了。日本駐華大使館的外交官助理福田和馬瀏雖然在使館的屋頂上升起了一輪「旭日」，但晚上只好在蠟燭光下歡慶他們的勝利。岡崎勝男大使和福井總領事打開了罐頭和酒瓶蓋，向原田熊吉、長勇、佐佐木等人舉杯慶賀。

「今天，我的支隊打了一萬五千發子彈，加上裝甲車殲滅的以及各部隊抓到的俘虜，共消滅了兩萬多敵軍！」旅團長佐佐木說。

一陣哈哈大笑聲。

燭光像鬼火般搖曳着。

這一天晚上，日本列島也喝醉了酒。帝國陸軍佔領南京的消息引起了大和民族的狂歡，全國舉行提燈遊行。東京成千上萬人擁向皇宮，高呼「萬歲」。日本的夜空升起了一萬個「太陽」。侵佔是人心理上的一種慾望。

南京在「太陽」下哭泣。

第二章　白太陽與紅太陽

國軍的將領們

上海失守！松江失守！崑山失守！打了三個月的淞滬會戰以國民黨軍的全線潰退而告終。敗下陣來的國軍們四散逃命。被炮火和彈雨打得破破爛爛的青天白日旗，在寒風中悲泣，失了血的白太陽更加蒼白了。散兵們蜂擁般地沿着滬寧線撤退、撤退，撤到了離上海六百里的首都南京！

高舉着紅色的太陽旗，日軍不停地追擊。

兩個太陽朝着一個方向運動。

南京危急！蔣介石立即召集他的高級幕僚研究對策。一陣由遠而近的飛機尖叫聲響過後，緊接着是不斷的爆炸聲，城內不知甚麼地方又挨日機的炸彈了。這座堅固而美麗的樓房也有些微微震動。八月份以來，日軍的飛機多次飛臨南京上空狂轟濫炸，蔣介石和他的辦公機構大都轉移到地下和郊外了。

作戰組長劉斐是個穩健派。他慢吞吞地説：「日軍利用陸海空的優勢包圍南京，南京不宜固守，我主張象徵性地防守一下後就主動撤退。」

副參謀總長白崇禧點頭贊同：「應該這樣。」

蔣介石神情嚴肅而茫然。他抬頭轉向參謀總長何應欽。何應欽以矜持老成聞名。他先説劉斐的意見「有道理」，但又説需要研究，含含糊糊，模棱兩可。

軍令部長徐永昌説了一些似是而非的話，最後一句是：「一切以委員長的意旨為意旨。」

兩天後繼續開會，人比第一次多了幾個。

蔣介石笑着問軍事委員會常務委員李宗仁：「德鄰兄，你對南京守城有甚麼意見？」

「我不主張防守。從戰術上來說，南京是個絕地，無路可退，加上我軍新敗之餘，士氣不振，還是撤退為上。」

穿着深藍色呢軍服的德國首席顧問哇啦哇啦地說了一通外國話，言辭很激烈。他竭力主張放棄南京，不作無謂的犧牲。

沒有人說話。有人歎氣。蔣介石的神情顯得有些憂慮和傷感。

唐生智忽地站立起來，慷慨陳詞，語驚四座：「南京非固守不可！淞滬一戰，我軍損兵折將，若再失首都，將何以向四億民眾交代？將何以對孫總理在天之靈？我意堅守南京，誓復國仇！」

正患阿米巴痢疾的警衛執行部主任唐生智說的這一番激昂的話，使沉悶的空氣一下子活躍起來，大家交頭接耳，議論紛紛。蔣介石陰沉的臉上有了一絲笑容。其實，唐生智已經摸清了蔣介石準備固守南京的心思，又經他任用的佛教密宗居士顧伯敍的極力攛掇，他自以為下了一着好棋。

果然，蔣介石親切地叫起了唐生智的號：「孟瀟的意見很對，值得考慮，我們再研究研究！」

事不過三。第三次高級幕僚會議上，蔣介石一反憂慮的神情，堅定而嚴肅地說：「南京是我國的首都，為國際觀瞻所繫，又是總理陵寢所在之地，對全國人心有重大影響，我個人是主張死守的！」

沒有人附和。「守南京問題就這樣定，大家看誰來負責好？」

還是沒有人作聲。蔣介石看了看四周：「如果沒有人來任衛戍司令長官，那只有我來負此責任了。」唐生智打破了沉寂：「軍人以身許

國。委員長如果沒有預定人選，我願負此責任，誓與南京共存亡！」

就在蔣介石讚許唐生智「好」的時候，李宗仁心裏明白：唐生智是想乘此機會掌握一部分兵權，以做日後爭權奪利的資本。自一九三〇年唐生智討蔣失敗後，一直沒有兵權。警衛執行部主任是個負責構築國防工事的角色。曾經擁有兩湘重兵的唐生智，因為不滿何應欽等當權派的統治，所以積極投靠蔣介石。對於南京的防守，他認為日軍不會不顧國際輿論真正進攻，也可能採取攻而不入的辦法，迫使中國求和。

蔣介石也有他的盤算。叫唐生智擔任南京衛戍司令長官，自己就可以脫身逃離前線，還能利用一下唐生智與白崇禧之間的矛盾。再說一星期後，西方國家將在布魯塞爾按照《九國公約》的條款舉行會議，他們可能會對日本採取一些強硬的行動。退一步說，西方國家如果不出面干涉，汪精衛在中山陵的公館裏與德國駐南京大使陶德曼正討論着日本提出的和談條件，守一下南京可能使日本做些讓步。

中英文化協會的禮堂裏，華燈齊放，觥籌交錯。衛戍司令長官唐生智招待外國新聞記者和留守南京的外籍人士。他顯得信心十足。放下酒杯，他講話了：

「盧溝橋事件以來，我軍在各地多遭挫敗。但吾人將屢敗屢戰，直至最後勝利。」他不會英語，特請中英文教基金會總幹事兼金陵大學校董會的董事長杭立武幫忙翻譯。

「本人奉命衛保南京，有兩件事是有把握的。一、本人及所屬部隊，誓當寸土必守，不惜犧牲，願與南京共存亡。二、這種犧牲將使敵人付出莫大之代價。」聽到這裏，杭立武不敢翻譯了。

「怎麼？」唐生智問。

「唐長官，你說這話是要負責任的啊！」杭立武說。

「你不相信我？」

一見唐生智理直氣壯的模樣，杭立武用慷慨激昂的語調翻譯出來。記者們熱烈鼓掌。

唐生智叫他的參謀科長譚道平起草的《南京防守計劃》已經送給了蔣介石。防守的重點不在外圍，而是在復廓陣地。為了掃清射界，不給敵人有可以利用的地形，同時顯示「焦土抗戰」的決心，城牆四周火光沖天，不少營房和民房燒為灰燼！城門上寫上了醒目的大字：「誓復國仇！」「保衛大南京！」「誓與首都共存亡！」

蔣介石一身戎裝，在他的隨從的簇擁下，視察了一番復廓陣地。站在高高的紫金山上，他用望遠鏡看了下四周，說：「南京東南一帶山嶺起伏，利於防守，北有長江依託，形成天然要塞，至少可守兩個月。只要守住兩個月，就有時間整編生力軍以解南京之圍了。」

站在顧祝同身後的衛戍司令部參謀處第一科長譚道平心中暗暗發笑，不禁脫口而出：「兩個月？能守兩個星期就不錯了！」

譚道平是唐生智的湖南同鄉，又是老部下。他已經從唐生智那裏領了一千元安家費。他心裏明白，守城的十幾個師在淞滬戰場上已經傷亡近半，補充的新兵連槍都不會放。衛戍司令部情況不明、指揮不靈、人力不足，敵軍還沒有到，內部已經混亂了。

蔣介石也明白這一切。對布魯塞爾的九國會議所抱的美妙的希望已經成了破滅了的肥皂泡，因為「沒有一個同情中國的國家願意採取制止日本或使日本放寬和平條件的行動」。他只好一面擺出抗戰姿態，一面像等候救星一樣等候斡旋和平的陶德曼大使從日本飛來。

十二月二日晚上，蔣介石在四方城那幢綠樹環抱的小公館的客廳

第二章・白太陽與紅太陽

裏迎來了這位「和平之神」。值得慶幸的是，和談的條件沒有變。除了第一條承認偽滿和內蒙獨立有些苛刻，其餘五條都可以接受。這件事，他已徵詢過幕僚們的意見。他必須當機立斷。他要陶德曼轉告日本，同意以這六條為談判的基礎。他說：「日本人說話不算數，我信任德國，德國是我們的好朋友，希望你始終擔任中日兩國的調停人。」

蔣介石的預見言中了一半。就在他和陶德曼在四方城的小客廳裏會談的同時，日本帝國大本營發表了《解決支那事變的建議草案》，條件更苛刻和強硬了。就是已經加了碼的新的更苛刻的和平條件，近衛內閣中的一些人還不同意作為談判的基礎，他們的目的是：一定要叫中國丟盡臉！

兵臨城下

就在蔣介石會見陶德曼大使的同一天 —— 十二月二日，侵華日軍華中方面軍司令官松井石根向他的部隊發佈攻克南京的命令。他當天的《陣中日記》這樣記載着：

「今晨全軍再次受領進攻南京的命令，方面軍司令官聆聽訓示，第十軍奉命於十二月三日、派遣軍奉命於十二月五日發起攻擊。海軍奉命迅速解除江陰附近之封鎖，開闢長江水路，伴隨陸軍前進，送派遣軍之一部在江北登陸，準備切斷江北運河及津浦鐵路之交通。」

用日本人自己的話說，各部隊接到命令後，「如脫韁的野馬日夜強行軍」。行軍的隊伍中，還常常混進從淞滬戰場敗退下來的中國兵，直到天亮才發現。

這天天氣很好。午後二時，日軍十多架戰鬥機空襲南京，起飛迎擊的是蘇聯盟軍空軍志願隊。追擊、盤旋、俯衝。藍天上炮聲陣陣、硝煙滾滾。中國的領空，敵國和盟國在交戰！據一位目擊者説，交戰不久，忽見天上一團濃煙烈火墜落下來，一名蘇聯飛行員摔落在筆者現在居住的院子旁邊。

猛虎般的日軍爭先恐後地撲向南京。南京危急！七日晚上，蔣介石挽着宋美齡出席南京守城部隊師以上幹部會議。唐生智公館的大廳裏，三十多位將領緊張地靜聽着委員長的訓話：

「抗戰爆發已經五個月了，雖然我們喪失了一些地方，但軍民英勇抗戰，已在國際上獲得同情。」他停了一下，看了看將領們的表情，沒有人鼓掌。

他繼續説：「現在，本人為統籌全局，不得不離開南京。南京是我國首都，為國際觀瞻所繫，又是總理陵墓的所在地，因此一定要頑強固守，不能拱手讓給敵人！各部隊長要在唐長官的指揮下，抱定不成功便成仁的決心，恪盡革命軍人保國衛民的天職！」

蔣介石講了一個多小時，最後他表示：「西安事變以來，本人堅定了以身許國的決心。希望大家同心協力，努力固守，爭取時間待援，一旦雲南生力軍趕到武漢，本人親率部隊來解南京之圍。」

唐生智以悲壯的語調又一次表示了「誓與南京共存亡」的決心。大家你看看我，我看看你，一個個都走了。

轎車發動了。大校場上的專機也已整裝待發。唐生智送蔣介石夫婦上車時，蔣介石拉着唐生智的手説：「患難見真情，孟瀟珍重！」

「我可以做到臨危不亂，臨難不苟，沒有委員長的命令，我決不撤退！」

轎車響了一下低沉的喇叭，開出唐公館，直接開到了飛機場。專機騰空而起，朝着漆黑的夜空西行。

　　二六一旅旅長陳頤鼎奉命從鎮江帶部隊趕到南京東郊孝陵衛時，是十二月八日上午。他認不得這地方了。教導總隊的營房和公路兩旁的村莊都成了一片瓦礫，燒焦了的門窗還在冒煙，只有路南孔祥熙的那幢公館還是老樣子。

　　他要到師部去受領任務，可走到中山門，城門都用麻袋包堵起來了，只留一個小口子，上面還架了一挺重機槍。守城門的武裝士兵頭戴鋼盔，臂膀上別一塊有「衞戍」兩字的黃布臂章，惡狠狠地攔住他說：「沒有長官的命令，誰都不讓進！」

　　這時候，前方響起了激烈的槍聲。陳頤鼎立即往孝陵衛趕去，走到半路，一個軍官向他報告：「日本人追來了，還抓走了我們三個弟兄！」

　　陳頤鼎不相信，他拿起望遠鏡一看，日本人佔領了孝陵衛西山，雙方已經打起來了。

　　他哪裏知道，這天早晨，孝陵衛前方的湯山鎮經歷了東路敵人猛烈炮火和機械化部隊的攻擊。激烈混戰之後，守軍退到了紫金山東北。

　　這一天，圍攻南京的西路之敵攻下了蕪湖。晚上，五十一師師長王耀武坐着吉普車來到光華門外告訴團長邱維達：「情況緊急，中路的敵軍突破了淳化鎮和方山，你們要調整部署，主力撤進城內。」

　　「咣！」一聲巨響，一發重磅炮彈在玄武湖邊百子亭唐生智的公館附近爆炸，氣浪震碎了玻璃窗，桌上的命令和通報被風吹得滿地都是。

南京的外圍陣地被敵人突破了！

兵臨城下。圍城的日軍朝着南京古城牆開炮和轟炸。磚石飛迸，煙塵滾滾！

十日一早，東路日軍的重炮向紫金山第二主峯陣地逐段猛轟，敵機掃射助戰。塗有旭日旗的日軍坦克轟隆隆地分兩路掩護步兵向西山和中山陵衝鋒！圍城的日軍炮兵一齊向南京猛轟。這天上午，三十多架敵機轟炸南京市區，大街小巷屋倒人亡，下關一帶烈火沖天！

唐生智向守城部隊發出命令：

「各部隊官兵應抱與陣地共存亡的決心，盡力固守，不許輕棄寸土，動搖全軍。若有不遵命令，擅自後移者，應遵委員長命令按連坐法從嚴懲辦！」

他又拿起電話：「要宋軍長！」

七十八軍軍長宋希濂其實只有三十六師三千餘人，他奉命在下關一帶防守。他一聽，是唐長官的聲音：

「敵軍迫近首都，全軍必須盡力固守，背水一戰！所有船隻都由運輸司令部保管，你部負責沿江警戒，禁止任何部隊渡江，違者拘捕嚴辦！」

宋希濂命令三十六師：

「關上挹江門，禁止部隊出城！」

浴血奮戰

日軍開始全線進攻！

南京守軍用猛烈的炮火和沸騰的熱血迎擊敵人！

紫金山主陣地

從老虎洞退到第二峯的教導總隊副總隊長兼步兵一旅旅長周振強，率領部隊奮勇抵抗敵人的連續進攻。這時，築有天文台的第三峯陣地已被敵人佔領了。第二峯海拔三百五十米，比第三峯高一百米，它和主峯一樣，都構築有堅固的暗堡、塹壕和拉有鐵絲網的散兵壕。

紫金山是南京的制高點。日軍三十三聯隊在野田指揮下，利用黑夜的掩護，乘勝發起突擊。突擊隊依靠強大的炮火支援，沿着陡峭的山坡，一步一步地向上攀登，猛烈地向守軍陣地衝鋒。

炮彈的爆炸聲震天動地，強大的氣浪把樹枝和紫紅色的土石拋向空中，樹木燃燒着，大火映紅了山峯。守軍用機槍和集束手榴彈進行頑強抵抗，左側有一支兩百人的反衝擊隊伍配合。一次又一次地反覆爭奪，雙方的傷亡都很大。

教導總隊是國民黨軍按照德國步兵團的編制、用德國的裝備、由德國顧問訓練的德式團營連戰術示範部隊，又是蔣介石仿照希特勒建立的絕對忠於領袖的鐵衛隊，吃得比別人好，穿的是呢子服，每月比

別的士兵多拿兩塊「袁大頭」。組織紀律嚴密、戰鬥力強。他們死打硬拼了兩天一夜，第二峯寸土未丟。

敵人開始了全面出擊。炮兵火力延伸到守軍的縱深地帶，突擊部隊不斷增援。烏龜一樣的坦克成羣結隊地掩護步兵開上來，守軍的防坦克炮奮勇迎擊。兩輛日軍的坦克被擊毀了。炮火越來越猛。敵人開始火攻。紫金山燒紅了。加農炮的穿甲彈雨點般地落下來，主陣地上的不少機槍掩體被摧毀了。硝煙彌漫。守軍冒着炮火拼命還擊。一個機槍手倒下了，下一個又衝了上來。

激戰中，周振強發現山下麒麟門一帶燈火輝煌，這是日軍的宿營地。他立即將情況報告總隊長桂永清，並和三旅旅長馬威龍、工兵團楊團長一起建議，派兵奇襲敵人後方。德國步兵專業學校畢業的桂永清拿不定主意，他和唐生智商量後，打電話給周振強：

「現在兵員消耗太多，萬一出擊不成，守城的兵力就更不足了。」

日軍的偵察氣球高高地升起在紫金山上空，為他們的炮兵指示射擊目標。穿甲彈一連發射了八九百發，有的一直打到梅花山、明孝陵，日軍的飛機也不時來投彈掃射，三團陣地的火炮和機槍被炸壞了不少。團長李西開和團副彭月翔的指揮所設在明孝陵的墓道中，雖然敵人的炮彈和炸彈不斷地在附近爆炸，部隊傷亡了一半，但他們仍然不停地還擊敵人。

小炮連的陣地在廖仲愷墓旁邊。代理連長嚴開運帶領全連負責防空和掩護教導總隊的指揮所。十二月十二日，敵人的炮火打到了富貴山和地堡城，樹木和枯草燒成了一片火海，士兵們冒着炮火，蘇羅通炮烏黑的炮管監視着天空。下午四點左右，敵機尖叫着朝紫金山飛來，嚴開運指揮炮兵們猛烈射擊。日軍的一架轟炸機在空中爆炸了，

一團火焰掉到了中山門外。陣地上的官兵高興地歡呼起來。嚴開運立即跑進教導總隊指揮所高興地報告戰果。參謀長邱清泉一邊往小皮箱裏裝東西，一邊說：「打得好！五百元獎金以後發給你們，現在準備撤退！」

十二日下午六點，防守紫金山的部隊奉命撤退。守衛南京的主陣地丟失了！

炮火中的光華門

趁着炸彈和炮彈升騰起來的濃煙塵土，日軍的步兵手端上了裝有刺刀的步槍，腰間掛着生紅薯和手榴彈，一窩蜂地朝城牆的突破口衝來。

這裏是八十七師二五九旅的一個團和教導總隊的工兵營以及保安警察第三大隊第八中隊的陣地。軍長王敬久和師長沈發藻躲在紫金山下富貴山的地下室裏，聽到光華門城牆塌了，一面強令二五九旅旅長易安華堅守城門，一面要副師長兼二六一旅旅長陳頤鼎火速從中山門外趕去增援。王敬久在電話中說：「恢復不了原陣地拿頭來見！」

城牆上的機槍子彈和手榴彈像雨點般地打下去，敵軍倒下了一片又一片。衝上城牆的敵人和守軍激烈地進行白刃格鬥，吼叫和哀號驚心動魄。脅坂部隊剛剛舉起的太陽旗被守軍踢下了城牆。

日軍潰退了，但他們仍然佔領着光華門外的中和橋及老冰廠兩處高地。反擊的守軍發動了多次衝鋒都攻不下來。煙火彌漫，死傷遍

野。旅長易安華和團長謝家珣都倒下了！

夜幕降臨了，日軍的敢死隊冒着城牆上密集的機槍火力衝過了護城河。一個軍曹率領一百多個敢死隊員衝向城門洞的時候，一個穿土黃制服的人在門洞前的戰壕中突然站起來，迎着衝過來的日軍激動地揮手。藉着炮火的暗紅色的光，衝上去的敢死隊員以為城門洞邊的日本兵已被全部殲滅，衝上去一刺刀扎進了他的胸膛。刺死後一看袖章，才發現殺了自己人，他是《福岡日日新聞》的戰地記者比山國雄。

日軍衝進了城門洞，胖乎乎的桂永清驚慌地帶着一個排的警衛趕到光華門內的午朝門督戰。團長謝承瑞向桂永清建議：「敵人太多，城門又堅固，不如先倒下汽油燒一下，天亮我帶敢死隊衝殺出去！」

桂永清想了想，才點了點頭：「可以。」

半夜，開了口子的幾十個汽油桶從城門上滾落下去，摔了一個手榴彈，城門洞立即成了一片火海！躲在城門洞裏的敵人被燒得哇哇亂叫。護城河邊的日軍朝着光華門城樓猛烈掃射，守軍、警察和憲兵居高臨下，並肩戰鬥，輕重火器交織成密集的火力網，阻止敵人的坦克、騎兵和步兵衝過護城河。

迎着天邊白矇矇的曙光，團長謝承瑞帶病率領一個排的敢死隊員出發了，一人抱一挺輕機槍。城門嘩一聲打開，二三十挺機槍突然朝着蜷縮在黑暗的城門洞裏的日軍橫掃，槍彈碰上燒剩的汽油，又呼呼地燃燒起來。日軍死的死、傷的傷，有四五個敵人一看無路可走了，大叫幾聲，手上的刺刀扎進了自己的肚子。反擊結束時，守軍從屍體裏發現了一名被燒傷的日軍，便立即用擔架抬他到富貴山的指揮所，找來醫官給他裹傷治療，又派日語翻譯同他談話。可這個日軍士兵閉

在光華門犧牲的中國守軍教導總隊第一旅第二團上校團長謝承瑞

口不說。直到守軍撤退，他仍然蓋着一條灰色的軍毯安然地躺在擔架上。

敵軍的衝擊和守軍的反擊還在激烈地進行。彈雨中，城牆上的兩個缺口已用土袋堵上了。城外的制高點仍被日軍控制着。擔任反擊的二六一旅的官兵傷亡越來越多。電話急促地響了，二六〇旅的劉啟雄旅長告訴陳頤鼎：「城裏很亂，有的部隊向下關撤退了。」還沒有講完話，電話線就被敵人的炮火炸斷了。

陳頤鼎在護城河邊的指揮所裏組織了一次又一次的進攻，可屢戰屢敗。左側的友鄰部隊有十二門普福斯山炮放在陣地上不用，他幾次請求給予火力支援，可都被藉口推辭了。他們怕，怕敵人的炮火打到自己的陣地上。五二一團的三營長白成奎氣得兩眼冒火，他衝到陳旅長面前：「我有弱妻老母，為了盡忠，顧不得家了！我陣亡後，請長官多加關照！」說完，從口袋裏掏出一張寫有他貴州家鄉的通信地址的紙條交給陳旅長，就帶着士兵衝上了陣地。他再也沒有回來。

光華門外的公路上，蝗蟲般的敵人一批一批地趕來增援。突然間，已被擊毀了的一輛國民黨軍的戰車中，前後兩端的機關槍同時響了起來，毫無防備的日軍步兵被打得落花流水。鬼子立即散開。戰車中的兩位勇士一直與大隊日軍戰鬥到天黑才撤退。可惜，一位勇士被敵人的迫擊炮彈打中了！

十二日下午，激烈的槍聲漸漸沉寂了。陳頤鼎旅長正納悶時，派

去聯絡的參謀回來報告：「馬威龍旅長沒有見到，教導總隊的人向堯化門靠攏了。」

「轟！轟！」炮彈連續朝光華門城牆猛轟。城頭上的槍聲越來越稀了。

雨花台和中華門的激戰

中華門外長約六七華里的山崗雨花台被日本人稱為「波狀的丘陵地帶」。這裏地形複雜，鐵絲網、塹壕、火力點和碉堡星羅棋佈，是南京城南的一處天然要塞。

守衛雨花台的是國民黨軍第八十八師。這個師只有兩個旅，二六二旅少將旅長朱赤奉命守右翼陣地，二六四旅高致嵩部守左翼。兩位少將旅長都是中等個子，都是黃埔三期的步科生，又都是滬淞抗戰後升任的旅長，他們密切協同，深得師長孫元良的器重。

從紅土山到雨花台的三十多里長的兩條戰壕剛剛挖好，日軍先是飛機編隊轟炸，接着大炮齊鳴，工事被炸得一塌糊塗。陣地上的官兵冒着槍彈炮火，向衝鋒的敵人還擊。

攻擊雨花台和中華門的是日軍精銳第六師團。矮矮胖胖的五十六歲的師團長谷壽夫，參加過日俄戰爭和歐洲戰爭，殺人如麻。他的部下大多兇狠而殘忍，在「南京大屠殺」中血債累累。

成千上萬發炮彈在雨花台陣地上爆炸。據日軍在戰後提供的資料說，十二月十日和十一日兩天，他們向雨花台發動了三十次夜襲。守

在左翼山頭的五二八團與日軍衝殺肉搏，晝夜血戰。人稱「矮腳虎」的二營長林彌堅端着刺刀，與日軍搏鬥了兩天兩夜。他帶傷參戰，兩眼殺出了血，刺倒了幾十個敵軍。十日夜晚七點，天空中隕落了一顆星，渾身是血的林彌堅永遠倒下了。

五二四團的團長韓憲元率領士兵在右翼陣地上阻擊日軍，熱血灑滿了山崗。屍體遍野，殺聲動地。十一日夜裏，天地一片漆黑，炮火中，他和營長符儀廷被炮彈擊中了。在他們倒下的地方，後來長出了一片嫩綠的新松。

十二日，是雨花台血雨和淚雨紛飛的日子。清晨，日軍幾十架飛機和幾十門重炮聯合轟擊了兩個多小時，陣地上的勇士大都成了不朽的鬼雄。溫厚沉靜的高旅長和廉樸博學的朱旅長都在這天上午獻身！這兩位忠勇的將領沒有身外之物，各人遺下一妻兩子，還都留下了兩千多冊線裝書。

敵人的炮陣地推進到了雨花台，在轟隆隆的炮聲中，日軍的坦克和步兵向中華門城牆蜂擁衝鋒。退入城門的八十八師和守城的五十一師官兵拼力用機槍、步槍和手榴彈阻擊。在城樓上指揮的團長邱維達發現兩輛日軍的坦克車掩護步兵開上了秦淮河上的軍橋。他叫炮兵直接瞄準，炮彈像黑色的鷹飛過去，坦克帶着烈火搖搖晃晃地跟蹌了幾下，一左一右都掉下了秦淮河。失去了掩護的步兵紛紛敗退。這時，城門嘩啦啦地打開了，衝出來的兩三百名精壯守軍，吼叫着像旋風般地向潰退的日軍追擊！

敵人的重炮猛烈轟擊雄偉的城堡中華門。終於，明太祖朱元璋修築的古城垣，被外族的入侵者攻破了。太陽當空的時刻，日軍的六名敢死隊員在一個叫作中津留的軍曹的帶領下，將兩個竹梯捆紮起來

後，向城牆上奮力攀登。梯子距城牆上的垛口還差五六米，敢死隊員抓住牆縫中長出的小樹和縫隙，像壁虎似的爬上了城牆。守城士兵發現後奮勇反擊，但日軍連續增援。刺刀見紅，生死搏鬥。南京的城頭上，第一次出現了血一樣的太陽旗的陰影。它像一柄尖刀插入南京人民的心！

南京蒙受着屈辱。

西線的防守

王耀武率領的五十一師從淳化鎮和牛首山一線退守到水西門的時候，日軍的岡本快速部隊衝過了南京至蕪湖的鐵路，在離城五百米的地方佈置好了炮兵陣地。

排炮怒吼！岡本、藤井、竹下支隊朝着水西門一帶的城牆一齊猛轟！

古城牆上彈痕累累。城垛口炸開了好幾個缺口。

打不退的日軍一批又一批地猛撲過來。第一道防線突破了！日軍爬上了城牆！從雨花台陣地上退下來的守軍像沒頭蒼蠅似的衝進五十一師的防線。守軍阻擋，敗兵還擊，自己人乒乒乓乓地打起來了！

水西門西北的上新河也在激戰。日軍高橋中尉舉着長刀指揮山炮、騎兵和工兵與一萬多名中國軍人激戰了八個多小時，殺得人仰馬翻，血染沃野。高橋中尉回憶説：「中國軍隊的督戰隊員臂上佩戴着袖標，個個身強力壯，手拿駁殼槍督促士兵衝鋒。兵敗如山倒。衝鋒的

士兵抵擋不住炮彈和馬隊！」

西線退敗。

河塘水渠密佈的南京西南角，敵軍的坦克和火炮輪子在泥濘中艱難地推進。莫愁湖畔展開了驚心動魄的肉搏戰。遍地是戰死者的屍體和丟棄的刀槍。一灘灘鮮血緩緩地順着低窪處流淌，莫愁湖害怕得改變了她秀麗的容貌。

衝入水西門的日軍想不到在下浮橋邊遭到了阻擊。四挺機槍噴吐着仇恨和怒火。一個戴着眼鏡的日本軍官指揮炮擊，三十三歲的守軍副連長朱龍率領機槍手寸土不讓。一發炮彈在機槍旁掀起了高高的煙塵，一塊彈片擊中了朱龍的手臂，他仍然緊扣着機槍扳機，直到他的頭無力地靠在他心愛的機槍上。

日軍狂濤般地衝進了南京！

烏龍山炮台

飛機、艦艇、坦克、大炮一齊怒吼！瘋狂的炮火吞沒了長江要塞的一切！炮手們冒着彈雨朝天上的、江上的、地上的日軍開炮、開炮、開炮！結果是，所有要塞重炮及配屬的高炮全被敵人的炮彈炸毀！官兵傷亡三分之二！

今天，我在國家檔案庫裏找到了一份五十年前記述的《烏龍山炮台作戰情形》。面對着歷史，我真想哭。霉變了的黃紙上記載着慘敗的原因：「工程原未完竣。」「糧彈無法接濟。」「夜間無探照燈照明，炮上

無照明器材，不能射擊。」

日本海軍第十一艦隊全速前進。汽笛在水天間像野馬般嘶叫，瘋狂的浪濤衝擊着炮台下的泥沙和碎石。成了廢墟的古炮台眼睜睜地看着敵人的艦艇從自己面前瘋子般地狂駛！敵艦上的炮口全部打開了，朝着江面上的船隻和像螞蟻般漂浮在江中的難民轟擊！

飄着星條旗的美艦「巴奈」號和飄着米字旗的英艦「瓢蟲」號也被日軍的飛機大炮炸沉和擊壞了！

切斷南京守軍退路的日軍國崎支隊像一條吐着血紅舌頭的毒蛇曲折前進，他們在當塗附近渡江奇襲，箭一樣地插到了與南京隔江相望的浦口！

南京被日軍的飛機、大炮、艦艇、槍彈、刺刀和恐怖包圍了！

南京陷入了魔掌！

兵敗如山倒

十二月十一日，南京四城都在激戰。

唐生智心煩意亂。吃午飯前，他請顧伯敍講了一段佛經，又到佛殿上敬了一炷香。

香煙裊裊，他閉目合掌。

衛士跑來叫他：「顧長官的電話。」

唐生智拿電話的手有些發抖，他又驚又喜。顧祝同轉來蔣介石的命令，要唐生智渡江向津浦路撤退，部隊除少數渡江外，主力應相繼

突圍。

他的心更亂了。守城部隊正在全線抵抗。撤退？怎麼撤呢？

晚飯後，報務員接連送來兩份急電，都是蔣介石簽發的，電文完全一樣：

「如情勢不能持久時可相繼撤退以圖整理而期反攻。」

十二日一早，唐生智把副司令長官羅卓英、劉興和參謀長周斕、副參謀長佘念慈等人召來玄武湖邊百子亭的公館。唐生智把蔣介石發來的電報給各人傳看了一遍後，就和眾人一起擬起撤退的命令來了。

正擬着命令，各路守軍告急的電話和電報紛紛傳來：光華門求援！紫金山吃緊！水西門岌岌可危！午後，又傳來了雨花台失守的消息。

大勢已去！唐生智想到了提議建立安全區的一些外國人。安全區是維護人道的。他立即趕到洋樓林立的幽雅的寧海路國際安全委員會。德國人、英國人、美國人、丹麥人都出來了。唐生智顧不得面子了，他説出了難以啟齒的話：「請求國際安全委員會出面，立即與日軍接洽休戰。」

德國人史波林願意為此事奔波。可是已經晚了，日軍拒絕停戰。他們的目標還是那一個：要使中國人丟盡臉！

唐生智垂頭喪氣地回到了他的寓所。他站在院子中間那棵寶塔松下，叫祕書立即通知守城的軍師長以上部隊首長到這裏開會。

五點整。各路將領氣喘吁吁又陰沉沉地來到了唐公館的大廳，剛剛坐下，唐生智竭力用平靜的語調説了幾句敵我情況後，突然提問：

「在目前情勢下，在座的有誰還認為可以固守？」

大家面面相覷。沒有人抽煙了，有的放下了手中的茶杯，氣氛

十分緊張。他們既不知道司令長官說這幾句話的用意，又確定黑雲壓城，無力回天。

一陣難堪的沉默後，唐生智咳嗽了幾下，莊嚴宣佈：「委座有令！」

「嘩」的一聲，全體起立。

讀完蔣介石的那份一句話電文，參謀長周斕手拿一沓早已油印好的撤退命令，一張一張地發給到會的每一個人。不到二十分鐘，南京十萬守軍的神聖使命化作了煙雲。軍長、師長們像丟了魂一樣，立即各奔東西。

唐生智也離開了他的土黃色圍牆圍起來的漂亮而幽靜的小樓。已經來不及整理文件圖表了，他命令警衛部隊倒上汽油，將公館燒毀。

四周的炮聲震得地都在顫抖。夜色中，城內好幾個地方火光沖天。唐生智在衛士的保護下，急匆匆地趕到了下關碼頭，坐上小火輪率先撤退了。

接到撤退命令的部隊很快離開了槍林彈雨的陣地。退下來的敗兵們像驚弓之鳥，紛紛丟掉槍枝，在街上沒命地逃！也有一些長官從唐生智那裏拿了一紙撤退命令後沒有回部隊傳達，就慌慌張張地找自己的生路去了。

兵敗如山倒！撤退的部隊大都沒有按照撤退命令與規定的線路突圍，像一股股洪水似的一齊朝着下關碼頭逃命。一時間，汽車喇叭絕望地尖叫，大炮橫七豎八地擋道，騾馬嘶鳴，傷兵喊叫，加上敵軍炮火的隆隆聲和飛機炸彈的爆炸聲，像被開水澆了的一百個蜂窩！

十里長的中山北路，從鼓樓開始就堵塞了。一輛裝載彈藥的汽車突然爆炸，頓時人仰馬翻，血肉橫飛。馬車、黃包車和其他卡車也都燒起來了，敗退的士兵和難民們哭着、喊着、叫着，人推人，人踩

人，人擠人，死傷了一大片。

挹江門的城門口人聲鼎沸，逃難的人像海潮一樣一陣陣地湧動和呼喊。這是一條通向江邊的路，這是一條求生的路！

城門緊閉。城樓上一挺挺烏黑的機槍對着爭相逃命的人。守衛挹江門的士兵奉命阻止部隊一齊向江北撤退，不時朝天上和城內擁擠的人海開槍警告。逃命的官兵大罵着、怒吼着，有些人端起槍來，朝守城的士兵「叭叭」射擊，上下對打。自己人與自己人又幹起來了！拄着棍子的傷兵氣呼呼地罵着：「長官跑了，把我們甩在這裏，有良心沒有？」敗兵也在罵：「早知這樣，誰肯打仗！」

擠在城門邊還出不了城，一些勇敢分子紛紛找來被單、衣服和綁腿帶，撐起來連接成長長的繩子。他們把它懸在城牆上，想抓着繩子翻出城去。城牆有十幾米高，有的爬到半空，沒有力氣再往上攀登而掉下來了。有的爬了一半，繩子斷了，一個個慘叫着摔死在城牆下！

不知是擋不住人潮的衝擊，還是洶湧的人流撞開了城門，人潮像決堤的洪水，一浪一浪地向前推擁着、哭喊着。許多人被擠倒了，沒有擠倒的人身不由己地往倒在地上的人的背上、肩上、腿上和頭上踩過去！據一位從挹江門擠出來的人說：「當時我的胸貼着前面人的背，背貼着後面人的胸，兩腳着不了地，全身架空着，被人潮擁來擁去地擁出來，腳下軟綿綿的都是人，那天晚上，城門口被踩死的人有三四層樓高！」

有不少散兵走了另一條路。他們脫掉軍衣，丟掉軍帽，改扮成老百姓混進了難民區。有的沒有棉衣禦寒，只能穿着單衣發抖。江陰要塞司令部的政訓處處長廖新棚用五十元的高價向一個要飯的叫花子買了一件破爛不堪的棉衣，才混進了難民區避難。

「國際安全區」的委員和維護秩序的黑衣警察不管怎麼阻攔也擋不住丟盔棄甲的敗兵，他們扔掉了槍枝、彈藥、水壺、鋼盔、軍服以及一切有軍人標記的東西。他們請求「安全區」收容他們，他們以為「安全區」一定是安全的。

最安全的當然是那些長官。他們慶幸自己早早地渡過了長江。此刻，老態龍鍾的衞戍司令長官部副參謀長佘念慈已若無其事地坐在列車指揮室的軟椅上了。七十四軍軍長俞濟時在他的衞士的保護下，悠閒地抽着香煙。七十一軍軍長王敬久披着青色毛嗶嘰呢的披風，正瞇着雙眼在吞雲吐霧。

南京衞戍司令長官唐生智早已到了滁州。瘦瘦高高的他穿着黃呢子軍大衣，頭上戴了一頂紅綠相間的鴨絨睡帽，帽子頂上垂掛着一個彩色的小圓球。他嘴上叼着香煙，輕鬆地在站台上散步。

敗將們集中在歐陽修寫有名篇的醉翁亭中團團坐下。唐生智歎了一口氣：「我當了一輩子軍人，從來沒有打過這樣糟的仗！」他深深地吸了一口煙，憂傷地說，「我對不起國人，也對不起自己。」

沒有人說話。一個個垂着頭，一副狼狽相。突然唐生智吼了一聲：

「把周鰲山叫來！」

運輸司令周鰲山戰戰兢兢地來了。唐生智猛地一拍桌子，桌子上的茶杯都跳起來了：「你幹甚麼吃的！你只顧自己逃命，把我的幾千傷兵都丟在南京讓日本人殺了！」

周鰲山嚇得腿有些發抖，嘴上支支吾吾：「我有甚麼辦法呢？情況變得太快了，我也沒有辦法啊 —— 」

「槍斃你！」唐生智大喝一聲。

周鰲山先嚇了一跳。過了一會兒,他斜着眼睛看了唐生智一眼。

一場虛驚。

九死一生的陳頤鼎旅長過江後大哭了一場。他的六千多人馬打了三個多月的淞滬戰役,退守南京時只剩下兩千多人,撤退到下關時只有千把人了。現在他身邊只跟了七八個兵!參加南京保衛戰的六千多警察憲兵損失了五千多!三萬五千多人的教導總隊損失了十分之九!總隊長桂永清沒有哭,他發了財:三萬餘人十二月份的薪餉和十萬元的犒賞費,全落入了他的腰包!

第三章　安全區寫真

當東洋人舉着太陽旗從四面八方向南京城殺來的時候，南京鐘鼓樓下的一羣西洋人舉起了一面紅圈紅十字的旗幟。

德國人、美國人、英國人、丹麥人，還有一個中國人，聚集在鼓樓崗下富麗而幽雅的金陵大學校董會的客廳裏。他們用國際通用的語言，熱情地商議着國際人士所關注的關於人道、正義、公理與和平的問題。

上海失陷，南京已成危城。日機一次次地來南京上空轟炸掃射，城外炮聲隆隆。金陵大學已經西遷成都，三十四歲的校董會董事長杭立武是中國人。面對國土淪喪，他心情沉重。前幾天，他在報紙上看到一條消息：日寇侵佔上海時，法國的饒神父在租界成立了一個難民區，救了二十多萬在戰亂中無家可歸的人。杭立武早年留學英國和美國，又是基督的信徒，他與在南京教書、行醫、經商和傳教的不少西洋人熟悉。他擔心南京陷於戰亂，特地邀請了二十多個外國人來，講了上海饒神父的事之後，提議共同籌建一個保護難民的安全區。教授、醫生、牧師、洋行代表紛紛贊同，他們為這個關係到人類命運的組織起了一個全球性的名稱：南京安全區國際委員會。當時就畫了安全區的地圖，託上海的饒神父轉交日軍。又請南京衛戍司令長官唐生智把軍事機構和五台山上的高射炮等武裝撤出安全區。安全區應該是非軍事區。南京市長馬超俊答應負責供給並派出四百五十名警察維持秩序。寧海路五號那幢秀麗而寬敞的宮殿式格局的張公館成了安全區的總辦公處。淺灰色的大門口掛有一個很大的紅圈紅十字的安全區徽章。

杭立武收到了饒神父的回信：日軍司令長官「知道了這件事」。日本軍隊保證：難民區（即安全區）內倘無中國軍隊或軍事機關，則日軍不致故意加以攻擊。

五十多歲的德國大胖子約翰・拉貝哈哈大笑，這位西門子洋行的

代理人被大家推選為國際委員會的主席。濃眉大眼、英俊瀟灑的杭立武擔任了總幹事，黃頭髮、高鼻樑的美國人費吳生博士是副總幹事，他的名字明白地告訴大家他是在中國的蘇州出生的，他會講一口吳儂軟語，他的美國名字叫喬治·費區。

倡議設置難民區的金陵大學校董會董事長杭立武

由十五名外籍人士組成的「南京安全區國際委員會」和以美國聖公會牧師梅奇為主席的十七人組成的「國際紅十字會南京委員會」負起了救苦救難的重任。

當時在南京的英國最有地位、最有聲譽的新聞記者之一田伯烈目睹南京中外人士的高尚行為，滿懷激情地讚揚國際委員會：

「對於這二十幾位大無畏的英雄來說，讚揚與褒獎從一開始就是當之無愧的。當他們的事跡被人們傳開來以後，這一點就可以看得更清楚了。他們不顧本國官員的勸阻，應倡議設置難民區的金陵大學校董會董事長杭立武的請求選擇留在南京。而這座城市中成千上萬的中外人士，都正在尋找一切可能的交通工具逃往他處。雖然留在南京的人們並不能預知後來發生的暴行，但這些先生與女士都是經驗豐富、學識淵博的人，他們完全能意識到自身處境的危險。儘管如此，他們仍然下定了決心，一旦南京陷落，就去拯救那些處在水深火熱之中的難民。他們的勇氣、熱情、無私和獻身精神，必將為人們所崇敬。」

為了人道

　　大胖子拉貝穿着筆挺的咖啡色西裝，頭髮稀疏的頭上戴了一頂呢子禮帽，手舉着印有安全區徽章的旗子，微笑着招呼他的委員們站好隊，去迎候勝利進城的日軍，履行他們國際委員會的職責和義務。

　　走到漢中路，見到了一小隊日軍。有的在馬路上站立着，貪婪地看着六朝古都的街景；有的坐在路邊，擦着寒光閃閃的刺刀和烏黑的長槍。

　　拉貝第一個迎上去：「Hello!」

　　東洋兵驚訝地看着這些金髮碧眼的西洋人。一個軍官站到面前來了，他聽完翻譯的話，從軍褲口袋裏掏出一張皺巴巴的軍用地圖。費吳生給他指點了安全區的位置，還用鋼筆做了標記。

　　日軍的地圖上沒有標明安全區的範圍，但日本軍官説：「請放心！」

　　拉貝又説明了一個情況：「剛才有一些解除了武裝的中國兵進了安全區，我們希望貴軍站在人道的立場上，拯救他們的性命。」

　　日本軍官又説了一句：「知道了。」

　　「Goodbye!」西洋人向東洋人招手再見。

　　從漢中路、新街口、鼓樓到山西路一大圈大約四平方公里的安全區內都擠滿了難民。學校、機關、圖書館、俱樂部、工廠、招待所，還有私人住宅都成了收容所。金陵女子文理學院的走廊上都擠滿了躲避日本兵的婦女和兒童。金陵大學收容了近三萬人！人們以為這裏是神靈庇佑的天國。其實安全區已經不安全了。

　　躲進安全區的士兵，將槍枝、彈藥、軍裝、綁腿帶和其他的軍用

品都扔在馬路上了。國際委員會僱了許多人埋的埋、燒的燒，可這一切已被進城的日軍發現了，偏偏從鼓樓附近的最高法院裏面搜出了一屋子的槍。氣勢洶洶的日軍闖進了安全區，將躲入收容所的上千個中國兵抓走了。

費吳生後悔極了，他覺得對不起中國人。他與中國有着千絲萬縷的聯繫，他和他的妻子愛爾寶黛都有許多中國學生，他們的四個子女有三個分別在上海、北平和北戴河出生。善良的中國人對他和他的一家有過許多幫助，他有很多的中國朋友。可今天，許多中國人被日軍拉出去殺害了，他在當天的日記中這樣記述着：

「來不及逃出的士兵都避到難民區來要求保護。我們忙着解除了他們的武裝，表示他們繳槍後就可以保全生命。可是抱歉得很，我們失信了。不久，他們有的被日軍槍殺了，有的被戳死了。他們與其束手待斃，不如拼命到底啊！」

情況越來越壞了。

十四日，費吳生駕駛汽車送路透社記者史密斯和史蒂爾出城，一路上屍骸累累，他不忍讓車輪軋過去，常常下車搬開。城門口臭氣撲鼻。野狗睜着血紅的眼睛，大口大口地吃着屍體。

十五日晚上，日軍衝進一個收容所，拖出了一千三百多人。帽子被一頂頂抓下來扔在地上，每一個人的手臂上都縛着繩子，一百人排成一行，被押向黑漆漆的刑場。

十六日，金陵大學教授李格斯到國際委員會總部報告：昨天夜裏，金陵大學被日軍劫去了一百多個婦女，均遭強姦。法學院和最高法院的難民全部被抓走，五十名警察也被殺害了。李格斯提出抗議，反而被一個日本軍官在胸部揍了幾拳！

安全區國際委員會和國際紅十字會南京委員會部分成員合影（左起：馬丘、米爾士、拉貝、史密斯、史波林、波德希伏洛夫）

　　國際委員會立即召開緊急會議。外面響着機槍掃射的聲音！

　　十七日，到處是搶劫、屠殺和強姦。這天，「被強姦的婦女至少有一千人，一個可憐的婦女被強姦了三十七次」！

　　外僑們也遭到了侵害。一個排的日軍進入北平路，一個日本軍官拿出地圖看了一看，命令士兵包圍飄着兩面米字旗的英國領事館。朝天打了四五槍後，衝進去的日軍在屋裏亂翻了一通。美國大使館的四個看門人被日軍用手槍打死了！意大利領事館被日本兵搶走了一輛汽車和三個婦女，德國領事館遭到洗劫！

　　暴行越演越烈。三天後，二十二名外國人聯名抗議。拉貝帶着

十四名代表將抗議信送到金陵大學對面的日本大使館。田中參贊答應轉告軍隊，但他的應允是不起甚麼作用的。

大胖子拉貝氣憤了。公理和正義受到了褻瀆與踐踏！侵佔和屠殺對他的刺激太深了！十二月十三日那天，正是他的西門子洋行創始人恩斯特·西門子誕生的日子。這一天，虔誠的基督徒見到了比《聖經》中的猶大還要狠毒的野獸！他要為人類呼喚人道，伸張正義！住在五台山的袁存榮老人向我講述了德國大胖子拉貝五十年前的一段軼事：

日本人來時我住難民區寧海路十九號的隔壁，靠山西路邊上，是一幢大房子，房主人姓邢，裏面住了胡老五，他們家還有很多人。我原先住神廟口，就是現在的高樓門，因為有個鄰居在國際委員會做工，我是泥瓦匠，他介紹我和他一起做雜工。

大胖子德國人是藍眼睛，有時戴眼鏡，會講中國話，對我們不錯。他開始叫我在難民區四周插旗子，是白布紅字的小旗，不讓日本兵進來。

日本兵不管，照樣進來抓人搶東西。大方巷的塘邊，就是現在化學廠那地方，死人一堆一堆的，都是日本人從難民區拖出來槍斃的。我命大，死了兩次沒有死掉。頭一次把我也拖上了汽車，還有胡老五、胡老五的二嫂子和她的小孩，小孩子哭起來了，這時日本兵吹號了，車上就我們四個人，就放我們走了。

我個性強，甚麼事都不怕，人家叫我袁大個子。第二次，鬼子和漢奸來難民區抓人，叫中國兵站出來，說是抓夫去做工。沒有人站出來。看着日本人和漢奸那副熊樣子，我氣了，我就叫：「我是中國兵！」好，一車車的人被拉到北京西路 AB 大樓東邊一個大院子裏，下車後叫站隊，站了很長的好幾排，拿洋刀的一個日本人喊：立正！我

051

沒有當過兵，我不知道怎麼立正，日本人把我拉出來，我想要開我的刀了。謝天謝地，日本人揮了揮手，放我走了。不會立正的好幾個人都被放走了。

旗子東倒西歪也沒有用了，不管它了。又叫我砌爐灶，給難民們燒稀飯。雜工嘛，雜七雜八的事都幹。開始那個大胖子德國人叫我們把馬路上的槍和軍衣、皮帶、子彈都收起來，背到山西路菜場對面，槍和子彈丟到塘裏面，皮帶和軍衣堆在空地上放火燒。大胖子看我這個大個子幹得挺賣力，說我：「好！」

日本人進城六七天的時候，大胖子德國人又對我說：「你是中國人，我有件事叫你幹，你敢不敢幹？」我問甚麼事，他說：「古平崗有兩個軍用倉庫，國民黨走的時候丟下了，全是硫黃，你去炸掉它！否則給日本人拉去做子彈，要死掉多少中國人？」我說：「我馬上就去。」德國人說：「怎麼破壞，你懂不懂？」我不懂，搖搖頭。

我穿着一件大褂。他教我先用褂子兜一兜硫黃，再用手在地上撒一條長線，然後點火柴。我去了，倉庫在公園當中，門對着黃瓜園開的，一倉庫是子彈，一倉庫是硫黃，淡黃色的，像麵粉一樣。我照德國大胖子教的方法幹了，一點火，人還沒站起來，就轟的一聲炸了，燒了一陣黃煙，房子燒起來了，兩個倉庫全完了，子彈啪啦啪啦響，我高興死了！

休戚與共

安全區的情景，是難以描述的。

南京市西北角這片學校、使館、政府機構、高級公寓、私人洋樓林立的新住宅區，原是石頭城中環境最幽美的地區。可現在，幾十萬難民潮水般地擁進了這片狹窄地帶，每一幢樓房，每一間房屋都擠滿了驚慌逃命的人。男人、女人、老人、小孩，本地的、外地的，認識的、不認識的，都心慌意亂地背着包袱，挎着籃子，提着大件小件的日常用品，匯集到這片陌生的土地上來。一間普通的房間內都住了二三十個人，只能勉勉強強地一個挨一個躺下來。即使擠得像罐頭中的沙丁魚，還是容納不下因戰爭造成的無家可歸和有家難歸的難民。於是，走廊上、院子裏、馬路邊、樹林中，一切沒有房子的地方，全搭起了預防地震時才會搭的蘆葦棚子，似乎進入這片插有白布紅字旗幟的土地，就像從地獄進入了天堂。至少，寶貴的生命就有了保障。

可以想像，在風雪嚴寒的冰凍季節裏，幾十萬人密密麻麻地生活在一起，除了維護秩序，還要保證基本的生活條件，困難像十萬大山！因為，管理這一切的，只是二十幾個教書的、經商的、傳教的和看病的外國人。何況，自來水和電都停了，吃的米、喝的水、燒的煤都極少極少。而最難最怕的，是防備和阻止毫無人性的日軍進入安全區，對可憐的難民施行侮辱、掠奪和屠殺！

寧海路五號這座園林式住宅的大廳中，徹夜亮着煤油燈。安全區的委員約翰·梅奇、拉貝、漢森、史密斯、希爾茲、查爾斯·李格斯、愛德華·史波林等輪流巡視，還日夜有人值班，負責接待難民的

申訴和解決困難，記錄日軍的暴行。

熱心於人類正義事業的人們自然在歷史上留下了光榮和尊敬。第二次世界大戰結束的時候，「南京安全區國際委員會」和「國際紅十字會南京委員會」的二十七名外國人榮獲了中國政府頒發的勳章。

這是正義與和平的獎賞。在他們藍天一樣純淨的眼球中，閃爍着慈善與友愛的光！藍眼睛的梅奇牧師得知外交部裏有一千多名中國傷兵，他冒着槍林彈雨，手舉着一面紅十字旗趕去了，人道的旗幟保護了一千多人的生命。月黑風緊，梅奇牧師又舉着紅十字旗幟，把三十多個國民黨軍的醫官和傷兵悄悄地送上船。他與素不相識的中國軍人握手：「等你們勝利的那一天，我還在這裏迎接你們！」

友好的西方人和受難的東方人站在一起。一位曾在安全區躲避過的軍官向人們介紹了他親眼見到的一件事：日本兵將抓來的三百多個中國人押到一塊空地上，正準備開槍掃射時，一位黃頭髮的外國人趕來阻止。日軍不聽，「黃頭髮」據理力爭：「即使是中國兵，已經解除了武裝，按國際法規定，俘虜是不能殺的！」日本兵不聽，舉槍就打。這位外國人勇敢地站到了一挺機槍的槍口前。這位不知名的外國人救了二十七個中國人！

李格斯教授會開汽車，難民區沒有糧食和煤炭了，他穿着破衣服，帶了一些中國人坐着汽車，到安全區外面去搜集大米、麵粉和燃料。他拉來了難民們能充飢活命的物品。粥廠的大鐵鍋又冒了熱氣，手端着臉盆和飯碗的難民們排起了長長的隊伍，他們高興得向李格斯叮叮咚咚地敲打飯碗。

李格斯的汽車開到司法院的大鐵門時，正遇到衝進院子裏的日本兵。他探頭一看，幾十個日本兵手揮刀槍，把男性難民一個個地用

繩子捆綁着往卡車上趕。他快步走進院子。麥加倫牧師也在，他見到李格斯教授，悲哀地搖搖頭，不斷用手在胸口劃十字。李格斯走過去向一個矮個子日軍軍官解釋。軍官指揮士兵用刺刀逼李格斯離開。李格斯不走，不厭其煩地說明這些都是守秩序的難民。三個日軍衝過來了，你一拳我一拳地朝李格斯的胸部猛擊。美國教授哪裏是日本人的對手，他疼得捂着胸口，用生硬的中國話罵着：「野獸！野獸！」

已經六十多歲的德國商人史波林是上海保險公司的，他來南京辦事。

十二月十一日，日軍的大炮朝安全區轟擊，炸死了三十多個中國人，住在華麗的福昌飯店中的史波林也受了輕傷。這位在歐洲戰爭中當了四年俘虜的德國人，重新燃起了對侵略者的仇恨之火。他沒有登上回上海的外輪，而是加入了拉貝的組織。這位德國老人在異國的土地上戴着國社黨圖案的臂章，天天在安全區巡視。

因為每天奔忙，史波林病了。來不及撤退的國民黨軍野戰救護處處長金誦盤得知消息，帶着醫官趕到大方巷看望史波林。看過病，送上藥，史波林連連感謝。當得知為自己診病的人是被圍困的軍人，他讚揚和欽佩中國人盡心盡責的美德，答應幫助他們脫險。他指指自己穿着布鞋的腳說：「我們外僑的東西也被日本人搶去了，皮鞋沒有了，我們的行動也受到限制。」他拿出一張地圖，指點着對兩位醫官說：「日本人現在佔領的，只是中國的百分之幾，你們的出路只有抵抗，不然就要做奴隸！奴隸，懂嗎？」

他顯得很激動。他經受過當奴隸的屈辱。

華小姐 —— 沃特琳

　　被南京難民叫作「華小姐」的金陵女子文理學院美籍教授明尼·沃特琳，是一位非凡的女性。直到五十年後的今天，我在南京的大街小巷採訪這段史料的時候，許多老人還念念不忘地讚頌她和懷念她。她是當時南京女同胞的保護神。

　　五台山下宮殿般華麗的金陵女子文理學院是安全區中專門收容婦女的避難所。她像苦海中的一片綠洲，給苦難的同胞帶來生的希望。

　　綠洲上的羊羣自然是餓狼般的獸兵掠奪和充飢的對象。據南京安全區國際委員會一九三七年十二月十七日的統計，金陵女子文理學院當時收容婦孺約四千人。後來走廊上和屋簷下都擠滿了人，大約有七千多人，管理這個收容所的就是金髮碧眼的沃特琳教授，她的中國名字叫華羣。

　　華羣是一九一二年二十六歲時來中國教書的，先在合肥當女中校長，七年後至南京任金陵女子文理學院教育系主任兼教務主任。受過她保護的金秀英、邵素珍、張鏡軒等大娘向我描述了她的形象：瘦長個、高鼻樑、長長的臉上有一對湖藍色的善良的眼睛，上穿西裝，下着毛裙，五十歲左右的年紀。她常常手拿一面美國星條旗站在校門口看守大門，不讓無關的人員進來，有人說她腰上插着手槍。她勇敢地保護了大量女難民免於日軍的蹂躪。

　　她的學識、勇氣、能力和人格，都使中國人崇敬和欽佩。她把幾千個人組織得井井有條，從住房編號、飲食衛生到出入大門，都有嚴格的制度。

紅了眼的日本兵端着槍衝進了校門。華羣先是説理，後是阻擋。文明的教授哪裏擋得住野蠻的日軍？獸兵們得到了瘋狂的滿足。華羣兩眼淚汪汪，她只有報告和抗議！

一天上午，六個日軍從五台山邊的竹籬上爬進了校園，她立即趕去抗議，被兇狠的獸兵打了幾個耳光。她不屈。日軍從校園裏搜捕了幾百個中國兵，華羣小姐發動婦女們去認領自己的「兄弟」「叔叔」和「丈夫」！七十三歲的金秀英對我説：「那天我認了三個，一個叫叔叔，一個叫大兄弟，還有一個叫姪子，日本人『吐嚕』一聲，就放他們走了，那三個人朝我作揖。我説，快走！快走！」

女子文理學院是獸兵像獸類那樣泄慾的地方。他們成羣結隊地趁黑夜爬牆挖洞進來，像小偷般地摸索進屋，又像猛虎般地發泄獸性！慘叫聲、哭喊聲撕心裂肺。美麗和善良被破壞和打碎了，偉大的母性遭到了凌辱！慈善的華羣憤怒了！鐵門緊閉着。兩輛日軍的汽車吼叫着要開進校門搶劫婦女。華羣手握着星條旗要日軍的汽車走開，日本兵衝下車拉開鐵門，華羣挺立在門口，像帆船上的桅杆。卡車怒吼着衝過來，華教授急中生智，她把手中的星條旗扔在汽車前。汽車停住了，日本兵的汽車輪子不敢碾軋美利堅的星條旗！

十二月十七日，是星期五。這天晚上，金陵女子文理學院又遭到了不幸。十五的月亮慘白地映照着飛簷彩繪的校門，二十幾個婦女已被端着刺刀的日軍從房子裏拖了出來。婦女們哀求着，哭泣着，跪在地上。華羣、德威南夫人和程夫人一起阻擋。這時，費吳生開着汽車送密爾士牧師和史密斯教授來這兒值班，日軍揮着刺刀不讓他們進校。雪亮的手電筒光在美國人的藍眼睛上掃來掃去。教授和牧師的説理換來的是搜身和扔擲他們的禮帽。一個操着蹩腳法語的日本軍官將

主持金陵女子文理學院難民收容工作的該學院教育系主任沃特琳女士。她因收容、保護了大量女難民免於被蹂躪而為人們所稱頌、感佩

華羣教授拖上卡車。憤怒地抗議了一個多小時，美國人才恢復了自由。這天晚上，日本人還是搶去了十二名姑娘。她們秀髮蓬亂，明亮的眼睛失去了神采，花一樣青春的臉變得慘白。

收容所裏的婦女們都改變了她們本來的容貌。嬌美的臉上抹了鍋灰，柳絲般的秀髮剪短了，有的剃了光頭，頭上扣一頂禮帽或包了一塊藍頭布，身上裹一件黑色的棉袍，富有曲線的苗條的身段消失了。這一切，都是為了防備狼的踐踏和保護自己的純潔！年輕、活潑的姑娘都成了不男不女的醜八怪。她們愁容慘淡，淚痕斑斑，面頰上失去了平日的笑！

華小姐是一位有血性的女性。她最痛恨沒有骨氣的人。一羣身穿和服的日軍妓女在日本兵的陪同下，恣笑着來參觀婦女收容所。華小姐遠遠地冷眼看着她們。突然，花枝招展的妓女們向苦難的人羣撒出去一把把的銅板和一把把的糖果。像見了魚的貓，無知的女性你爭我奪地在地上又搶又撿！有幾個銅板一直滾到桌子底下，有人撅着屁股爬進去撿出來。日本人高興了，男男女女拍掌大笑。國際委員會的德國人、美國人、英國人臉紅了。

收容所又恢復了平靜。華小姐氣哭了，她痛心地對女同胞們說：「仇人扔東西給你們，你們為甚麼去撿？是金子也不應該撿啊！你們

不但失了中國人的面子，連我華小姐的面子也給你們丟光了！」

華小姐在中國度過了她生命中最寶貴的時光。這位勇敢、熱情、剛毅的女性與中國人民風雨同舟。她沒有結婚。她愛中國勝過愛她的祖國。已經七十多歲的張鏡軒老大娘告訴我：「華小姐會講中國話。有一次我去晚了，粥沒有了，華小姐把自己在吃的麥粥給了我，她問我會不會寫字，她對我説：『你們不要愁，日本要失敗，中國不會亡！』」當南京城裏掛滿太陽旗、行人手臂上都套有旭日臂章的時候，明尼·沃特琳絕不允許太陽旗進入金陵女子文理學院。她在門口站着，進出的人戴有臂章的都得摘下來。她説：「中國沒有亡，不能戴這個。」有個十四歲的小孩戴了太陽臂章提着竹籃給姐姐送飯。華小姐招招手：「你為甚麼手臂上戴這個東西？」

小孩不知道，搖搖頭。

她親切地説：「你不用佩太陽旗，你是中國人，你們國家沒有亡！你要記住是哪年哪月戴過這個東西的，你永遠不要忘記！」說完，她把它取下來。孩子點點頭。難民區的同胞都感動了。

可惜，華小姐沒有看到太陽旗從南京城落下來的那一天。她因病離開中國的第二年 —— 一九四一年五月十四日，明尼·沃特琳閉上了她湖藍色的眼睛。她在臨終前説：「我如有兩個生命，我還要為華人服務。」

同是天涯淪落人

患難見真情。危急中的同胞都袒露出了自己的那一顆心。

位於五台山上的美國大使館裏的人已撤退了。除了兩名美國記者，這裏還躲避了三百多難民，有男有女，有老有小，有軍有民，誰也不認識誰。小院裏擁擠、嘈雜不説，還缺水斷糧。每個人心驚膽戰地提防日軍的搜捕和屠殺，各人都為自己的性命擔憂。日本兵捕殺的重點，是放下了武器的中國兵。這座院子裏躲避着好些中國兵，雖然他們已換上了便衣，但舉止言行，一看便知。住在一起，許多事誰也瞞不過誰。好在患難中的人都有同情心，誰也不欺侮誰。日軍一天七八次進來搜查，常常是那兩位美國記者拿出手槍把他們喝退。

躲在這樣的小院子裏，國際委員會是沒有粥供應的，一切都得自己設法解決。軍醫官和一羣散兵在這裏住了八天，五元錢買來的兩斗米已經吃完了，另一支部隊的一位姓楊的司務長得知了這個消息，送來了一袋麵粉。門角落裏有兩缸鹹菜，醫官叫士兵送了一缸給楊司務長他們。這樣一來，大家都有了飯，也有了菜。

自來水早就斷了，吃的、用的水都要到山下的泥塘中去挑。挑水是要冒險的，被日本兵看見，一槍掃來或一刀刺來，就回不了這幢小樓了。水塘中浸泡着不少同胞的屍體，黃泥水中有一灘灘的血。但住在裏面的青壯男子都爭着去挑。挑來一擔水，大家都將就着用，十幾個、幾十個人合用一盆洗臉水。一個叫黃子良的士兵遇到了鄉下來的三十多個難民，他把這些人帶進來。聽説一天沒有吃東西了，住在樓下的胡先生送來了兩大碗稀粥和一大盆水。原先他一家住了一小間，

鄉下的難民一來，他的房間裏擠進了好幾個，樓下兩小間屋裏，住了十多人，男女老少擠在一起，大家互相謙讓，互相尊重，人人都關心一件事，鬼子不要來敲門，院裏不要出事情！

外面風聲很緊，頤和路四號這幢洋樓裏躲避了五六十口人，留守房子的周正元會幾句日語，他應付了幾次搜查的日軍後，召集大家開會：國難當頭，我們這院子裏一定要互相關照，大家要齊心合力！日本兵除了抓中央軍，搶東西，還要糟蹋婦女。他組織人在地下打了一個大洞，把幾十個婦女和小孩都藏在裏面，早上躲進去，晚上爬出來，上面鋪上蘆蓆睡老人。日軍來了，用腳踩三下地板，告訴下面的人不要出聲。日本兵一批又一批地來搜索，他們始終沒有發現這裏的幾十個婦女。她們躲避了兩個多月，幾十天沒有見到光明！

躲進意大利領事館的教導總隊營長郭岐，買了一身破爛衣服和一頂油膩膩的禮帽扮成了苦力，他三個月沒有洗臉，蓬頭垢面，連指甲都不剪。他和他的士兵丟掉了一切東西，就是不肯丟掉槍，他把十支手槍用繩子拴成一串，偷偷地扔在院內的水井中，難民們誰也沒有懷疑他是個兵。有一次，打水的人把手槍帶上來了，這一來，嚇壞了院子裏幾十個人。因為日本人搜出一枝槍，全院子裏的人都要遭殃！旁邊一幢小樓外邊發現了一件軍衣，院內的人死了一半！收容所的地上撿到一顆手槍子彈，馬上槍斃了十個同胞！

一些難民對郭岐說：「我們有五十多個人，如果查出你們是軍人和這些手槍，我們都得同歸於盡！」

「請大家放心，如果日本兵查出我的時候，我絕不連累大家，我自己去擔當一切。不過，對於我的士兵和井裏的槍，大家不要責難，我們各人有困難。甚麼叫共患難？就是這個時候啊！」郭岐這麼一講，許

多人都點頭贊同，一位姓張的男人說：

「郭先生，你如果有危險，我來擔當，我替你死！」

營長感動了，他流着淚對大家說：「我們是中國人，不能受日本兵欺侮，如果大家有危險，我作為軍人，一定不顧一切地營救，我們要活一起活，要死一起死！」

一番感人肺腑的話，使院內的人忘卻了牆外日軍的刺刀和槍彈。團結一心，才能眾志成城！

團結不僅僅是羣體的組合，也是感情的凝聚。淪陷後的南京，民族仇恨和民族自尊心使中國人變得更偉大和崇高了。

一位矮個子老人的故事吸引了我。我在老式的磚樓下見到了八十三歲的朱壽義先生。這位簡樸而清貧的老人當時在安全區中分發救濟款。沒吃沒穿的難民，寫一張條子送來，少的發五元或七元，多的發十元，每天發出幾百元。斷了糧，他可以開一個月的領糧條子。有傷有病的，他這裏開了條子，蓋上紅的圓印，可以到鼓樓醫院免費治療。死了人的，開始還發棺材，後來被害的人太多了，就沒有辦法了。要求救濟的人成千上萬，警察手拿着藤條維持秩序，許多人都擠不到這個鐵欄杆的窗口來。中飯後休息，一個三十歲左右的人擠進來：

「請問你是朱先生？」

「你有甚麼事？」

來人立即跪地磕頭：「我是拉黃包車的，不瞞你說，現在一家沒有吃了，遞了幾天條子都換不到錢，我想求求你。」

三輪車夫的手臂上有一條條的血痕，朱壽義給了他五元法幣。解放初的一天，朱壽義到洪武路的一個同事家，院中一個五十多歲的人看見了：「這不是朱先生嗎？」

朱壽義不認識這個人：「你是——」

「難民區裏託了你的情才遞上了條子，那五元法幣救了我全家的命。」他拉着朱壽義到家門口：「看，我供着你的長生福祿牌位，初一、十五都替你燒香！」

朱壽義一看，堂屋的正中立着一塊紅底黑字的長生牌位，香煙繚繞。他急得直喊：「快拿下來，快拿下來，不要把我折死了！」

黃包車夫兩手抱拳：「救苦救難，我不能忘記大恩大德！」

「人都有危難的時候，患難相助，這是應當的！」

講起發救濟款，朱壽義老淚橫流：

「那時真苦啊，五台山下來一個人請求特別救濟，説他父親死了，沒錢買棺材。國際委員會派一個叫劉雲海的人去調查，我也跟着去了。去了一看，破棚子邊躺着一個老頭，臉上蓋了一張大草紙，旁邊有一堆紙灰。劉雲海彎下腰去揭開草紙一看，老頭還沒有閉眼：『裝死！騙錢！走。』」

朱壽義心軟，他難過地説：「劉先生，瞞上不瞞下，做做好事，人到這一步，夠可憐的了，多少給一點，就當給了我。」

劉雲海點了點頭，朱壽義給老人手裏塞了五元錢。

經過這場劫難的老人大都知道一個悲壯的故事：某天，三個日本兵一人夾着一個婦女嬉笑着往他們的駐地拉去，兩個婦女又哭又叫，另一個婦女邊走邊對日軍説：「這兩個人不懂道理，對皇軍沒有禮貌，不如放了她們，我一個人來慰勞你們！」

日軍明白了她的意思後，狂笑了一陣，就放了那兩個姑娘。三個日本兵簇擁着這個婦女向前走。走到難民救濟會門口，這位婦女突然抽出一個日軍的刺刀，深深地刺入自己的胸中。她倒下了，她救了

兩個同胞姐妹！這故事發生的日子和這位婦女的名字至今沒有人說得清，但這是一件真實的事情。

自然，同是天涯淪落人，不是每一個人都有這種無私的品格和無畏的勇氣的。

一九三七年的最後一天，意大利領事館門口停下了兩輛馬車。五個日軍敲開門後，翻譯傳下話來：要借用三個姑娘。獸兵們抓出了三個姑娘，姑娘們拉着父母的衣服不放，父母們頓足哭喊着，不讓女兒走。一位父親上前懇求日軍不要拉走他的女兒，脖頸上卻被捅了一刺刀！一位三十多歲的母親不忍讓女兒去受苦，流着淚向翻譯求情：由她去代替行不行？翻譯一看，可以應付，就應允了。鬼子們見幾個姑娘拖拖拉拉不肯走，就大聲罵起來。這時，有幾個難民就勸說了：

「走吧，快走吧！日本人發起火來，大家都要受連累，沒有辦法的，快走吧……」

三個女同胞被推上了馬車，她們被日本兵拉走了，她們在哭，她們的心在滴血。日軍和同胞都催促着：「快走吧，快走吧……」

聖誕之歌

無論外界怎樣改變人的生活軌跡，人們總要頑強地堅持自己的生活習俗。野蠻和恐怖籠罩着南京。在陰沉沉的寒風中，一年一度的聖誕節來臨了。

這是西方人的節日。這是耶穌誕生的日子。耶穌是神聖的，他給

世界帶來慈善、安寧、幸福與和平。他是善良的化身，為了洗刷別人的罪惡，他心甘情願地替別人贖罪，被釘死在十字架上。

這樣的人是值得紀念的。聖誕節前的一天，費吳生和費太太就忙開了。他們在準備聖餐。聖餐要有餅和酒，這是耶穌受難前與門徒吃的晚餐。這是耶穌的身體和血。吃了聖餐，人類會贖去原罪。人間的原罪太多了。南京在流血、在呻吟、在死亡。這是猶大們幹的，這是罪惡。主啊，救救這些人吧！

中午，德國卡羅威治公司的代表克魯治、史波林和金陵大學醫院代理院長德利謨博士都來了。午餐不太豐盛，只有炸牛排和烤白薯。味道都不錯，牛排很香，白薯很甜。可惜，拉貝沒有來。他走不開，小桃源他的家裏躲避了三百多個婦女和老人。日本兵時常來搶劫和污辱婦女。昨天還從隔壁的圍牆上翻過來，正好被拉貝撞見。拉貝氣極了，他不許爬進牆來的日軍從他的大門出去。他要日本兵仍然爬牆出去。有的日本兵不願意再爬牆，大胖子拉貝指指自己胸前戴的那枚國社黨勳章，質問日軍明白不明白這勳章的意義。這枚黑白圖案的勳章在日本是至高無上的。每一個日本兵都望而生畏。

晚上，他來了。他是走來的。因為拉貝又驅趕了幾次日本人，所以晚了些。這位安全區年紀最大的長者，他開朗而樂觀，也很嚴屬，但人們都很尊敬他。他穿一身深色的西裝，紫紅色的領帶給他減去了白髮和皺紋。他帶來了禮品，給每人送了一本精緻的羊皮面子的西門子公司的日記本。

威爾遜醫生彈起了鋼琴。悠揚的琴聲使人們忘卻了外面的不愉快和不安定。這是節奏舒緩的《聖夜靜歌》。男人、女人和孩子都和着琴聲放開了歌喉。

十二月二十五日，陽光像一個金球在天空照耀，天氣好極了。這

一天，街上似乎也安寧了一些。

今天，費吳生邀請了幾個女士來他的家中歡聚，明尼·沃特琳教授來了，她是和她的同事、中國講師吳女士一起來的。金陵大學醫院的鮑爾女士也來了。還有史密斯和李格斯教授，他們說好了也要來的，可已經十二點了，怎麼還沒有來？電話已經不通了，十三日起中斷了服務。

他們可能有事。不等了，吃吧。中午吃烤鵝，鵝很肥，火候又好，紅通通的烤鵝很脆也很香。費太太陪着女士們喝了點葡萄酒，費吳生勸女士們多吃點，她們都很興奮。已經十多天沒有好好地吃一餐飯了，她們都在各人負責的收容所裏和難民們一起經受各種各樣的苦難。

正當大家在品評烤鵝味道的時候，有人急匆匆地來報告費博士：「金陵大學的好幾個地方衝進了日本兵！」

「喝完這一杯就走。」費太太說。

杯中的酒還沒喝完，又來了兩個報告緊急情況的人。

「走！」費吳生放下叉子，沃特琳教授和鮑爾女士也一起跟他出去了。

日本兵衝進了美籍教授方恩博士的住宅，衝進了中國教員的宿舍和蠶桑系校舍。他們一處又一處地驅逐和抗議。

李格斯教授這天遇到了麻煩。他遭到了日軍稽查官的搶劫和污辱。當費先生和女士們正在品嚐烤鵝鮮美的滋味時，他氣呼呼地來到國際安全委員會祕書史密斯博士的住宅，向他述說了事情的經過，他要求向日軍提出抗議。史密斯博士也憤慨了，他叫李格斯再說一遍，他用鋼筆當即寫了一封向日本大使館的抗議信：

致日本駐南京大使館各位官員

親愛的先生們：

今天上午大約十點鐘，李格斯先生在漢口路二十九號發現一些日本兵，並聽到一位婦女哭叫。這位年紀約二十五歲到三十歲的婦女用頓足和打手勢示意要李格斯先生過去。一個日本兵正拽着她，其餘的士兵則在房子裏。她抓着李格斯的手。其餘的日本兵從房子裏跑出來。他們跑了，只留下李格斯和這位婦女。這位婦女是出來買東西時被日本兵抓住的。她丈夫四天前就被抓走了，至今還沒回來。她要求李格斯先生護送她回漢口路陸軍大學的難民營。李格斯先生就護送她由漢口路往東走。快到金陵大學校院時，他們遇到一名稽查官，帶着兩名士兵和一名翻譯。

這個稽查官將李格斯先生的手從口袋裏拽了出來，扒下他的由日本大使館發給他的臂章。李格斯把手放回口袋裏，稽查官又重擊他的手。他問李格斯是誰，但雙方誰也聽不懂誰的話。稽查官就在李格斯的胸前猛擊一拳。李格斯問他這是甚麼意思，這下激怒了該官員。他向李格斯要通行證，但是李格斯忘記帶了。他問李格斯在幹甚麼。李格斯說正在送這位婦女回家。稽查官又給了李格斯一下。李格斯想看看這個稽查官戴的是甚麼臂章，他卻給了李格斯一記耳光。稽查官指指地下，搶走了李格斯的帽子。李格斯猜想這是要自己給他磕頭。李格斯不幹。因而又挨了一巴掌。然而翻譯解釋說，稽查官想要一張名片。

李格斯解釋說，他要護送這位婦女回去，因為她害怕。該官員命令士兵走到李格斯兩旁用槍對着他。翻譯解釋說，該官員要求向他鞠躬。李格斯先生拒絕這樣做，因為他是美國人。該官員最後要李格斯先生回家去。

這位婦女看到李格斯受到這樣的對待，嚇得自己朝漢口路跑了。李格斯先生說，他沒有招惹這位官員，只不過把手插在大衣口袋裏沒拿出來。而這位婦女是在他前面走，中間隔一段距離。

我們希望日軍士兵的秩序和紀律能很快得到恢復，使外國人能安全地在大街上行走，不再為會受到騷擾而擔心。

致以崇高的敬意

（簽字）劉易斯·史密斯
（Lewis S. C. Smythe）
於南京平倉巷三號
一九三七年十二月二十五日

一件件不愉快的事件使篤信基督教的西洋人大為遺憾。晚餐後，拉貝把南京安全區國際委員會和國際紅十字會南京委員會的委員們請到他的家裏，沒有電，只好點蠟燭和煤油燈。今晚，他在大廳中裝飾了一棵美麗的聖誕樹。聖誕樹是德國人發明的。紅紅綠綠的小燈泡在不停地閃爍。牆上還掛滿了他年輕時在南非的森林中獵獲的獸角、鳥類和漂亮而珍貴的皮毛。五十多歲的胖老頭拉貝穿上了紅色大袍，嘴邊還粘上了棉花，扮成了白鬍子的聖誕老人。他給每個人送了一張自己製作的賀年卡片，上面是紅圈紅十字的難民區徽章。

望着這個徽章，德國人、美國人、英國人、丹麥人都停止了歡笑。拉貝第一個在自己的賀年卡片上簽名，杭立武博士因押運文物去重慶了。二十二個委員一個一個都寫上了自己的名字。為了人道，為了博愛，為了正義，為了和平！

第四章 血似江水水似血

長江、夾江、秦淮河匯合處的三汊河江潮湍急。中山碼頭江輪雲集。大橋腳下，像黑色火柴盒般的南京肉聯廠，當年是英國人的和記洋行。下關電廠的那支高煙囪，矗立有七十多年了。前面那個陳舊的碼頭叫煤炭港。再向東，是與八卦洲隔水相望的上元門和幕府山，山下長長的江灘叫草鞋峽。蘆葦叢生的草鞋峽下游，是驚濤拍岸的燕子磯。

灰濛濛的江霧給這片苦難的山川披上了一層白色的輕紗。在慘絕人寰的南京大屠殺中，集體屠殺的二十八處現場，有八處在長江岸邊！

三十里的江邊，灑下了十多萬人的鮮血！

血似江水……

中山碼頭【遇難者五千餘人】

倖存者梁廷芳：

十六日早飯後十二時前，突有日軍七八名持槍進來。即揮手令余等五人隨其出走，因不知其用意，只得聽其指使，跟至華僑招待所後大空場時，見有數百人席地而坐，余等亦隨坐其旁。繼之陸續由日軍從各方驅來平民多人，大空場人已滿，復送入對面兩大空院中。當余等到達時約十二點鐘，一直等到下午五時，捕捉的人除帶走一部分之外，僅在大空場上就有五千人以上。此時天已漸黑，即由日軍指令以四人列，依次向下關方向而行。到達下關已六時多，即將余等置於中

山碼頭沿江人行道上，我還以為渡江做工，初不斷其實，此空前絕後慘無人道之大屠殺也。少頃，即有大卡車二輛滿載麻繩馳至，復有新式汽車一輛到達，下車者似一高級長官，即有多數帶刀者趨向前向其敬禮。高級長官囑咐數語，該帶刀之日本軍官即令其士兵分取麻繩，然後向東西分散，同時在路當中每數十步放置機槍一挺。約十分鐘後，即聽到步槍聲響，時在晚七時光景，大屠殺開始矣。槍聲離余等坐處約一千公尺，東西連續放射各五槍則停一二分鐘，繼之又響。但機槍則未用，因天黑看不見，機槍恐槍殺不徹底也。屠殺至夜約十點鐘，余等藉着月亮看見東邊有十餘名日軍正在捆人執行屠殺，狀至極慘……增榮對余云，與其等待屠殺，不若投江一死。廷芳則以為總是一死，兩個即攜手投入江中，自料必葬身魚腹，乃江邊水淺深及大腿，一跳不死，則不願再往深處。萬惡的日軍，見余等投入江中尚不肯饒，即以機槍向江中掃射，唯恐留下活口作今日對證也。廷芳伏水中，忽由右側射來一彈，由後肩窩穿入前肩窩而去……

隨着滾滾的江水，他們和遇難者的屍體一同漂流！當劊子手被押上歷史的審判台的時候，白增榮和梁廷芳出席中國審判戰犯軍事法庭作證。一九四六年，梁廷芳還趕到日本東京，在遠東國際軍事法庭上用肩上的傷疤和目睹的事實，向法庭提供了上述證言。

鐵一樣的事實，鐵一樣的證言。

目擊者今井正剛：

來到江邊，只見醬湯色的揚子江像條黑帶子，筋疲力盡地、緩緩地流着，江面上飄溢着乳白色的朝霧，天就要亮了。

碼頭上到處是焦黑的屍體，一個疊一個，堆成了屍山，在屍山間有五十到一百個左右的人影在緩緩地移動，把那些屍體拖到江邊，投入江中。呻吟聲、殷紅的血、痙攣的手腳，還有啞劇般的寂靜，給我們留下了極深刻的印象。

對岸隱約可見，碼頭的地面上滿是黏滯的血，像月夜的泥濘似的反射着微光。

過了一會兒，結束了清理作業的苦力們在江岸上排成了一列，接着是一陣嗒嗒嗒的機槍聲，這羣人有的仰面倒下，有的朝前跌入江中。

今井正剛當時是《朝日新聞》社的隨軍記者，《朝日新聞》南京分社設在大方巷。十二月十五日晚上，他和中村記者在分社門外發現了「一支望不到頭的中國人的隊伍」，「被帶到屠場上去」，就一直尾隨着跟到下關的中山碼頭。

機槍聲震動了腳下的土地，接着是一陣潮水般的呼喊聲。

日軍阻止他們走近：

「不行，記者先生，那裏太危險，流彈亂飛。」

今井對中村説：「真想寫下來。」

「不知何年何月才能寫，可是現在不行，但我們都看到了。」中村説。

今井把看到的一切寫出來了 —— 十九年後的一九五六年十二月，他的《目擊者的證言》在日本發表。

有良心的人，總會説真話的。

倖存者劉永興：

我們是老南京了，住了好幾代了。日本人進南京那年，我二十四歲，我是做裁縫的，那時住在城南張家衙。家有父母、弟弟和結婚不到半年的老婆。我們五個人都躲到大方巷的華僑招待所裏面。

那天下午，一個鬼子到我們住的門口，朝我招招手：「出來，出來！」我走過去了，他要我弟弟也一起跟他走。

走到對面一個大廣場上，已經有不少人坐在地上了。過了一會兒，翻譯官說：「做苦力去，都到下關碼頭搬東西！」

有的不去，當場一槍。排好隊就走，前頭是穿黑制服的國民黨警察開路，後頭是日本人的馬隊壓陣。路上死人很多，碰到人就抓，都帶走。哪個跑，就開槍。

挹江門邊上國民黨的官兵好多被日本兵抓了，用鐵絲穿大腿，一串一串的，都穿着軍裝。

到了下關碼頭天黑了。抓來的人很多，二十個一串捆着，捆好就用槍掃。我在前面，連忙跟着別人跳江。這時，子彈的響聲把耳朵都要震聾。打破頭的、打斷手的，一片哭叫聲！

我身子全在泥水裏，只有頭露在上面。子彈從我的肩上穿過，棉袍子裏的棉花都打出來了。機槍掃過後，日本兵又用刺刀一個一個地捅，沒有打死的哇哇地叫。我在江水中朝岸上看，只見刺刀的亮光一閃一閃的，日本兵一邊喊，一邊朝亂七八糟的死屍堆裏用刀戳，慘叫聲聽得人汗毛都要豎起來！

刺刀捅完又用火燒。火很旺，吱吱地響。沒有死的人一着火手腳亂動，大聲地慘叫，一會兒就不動不叫了。我在水裏，日本兵下不來。天又黑，他們看不見，所以保了一條命。天快亮的時候，他們走

了，我才慢慢地爬上來，那天爬上岸的有十多個人。

水裏泡了一夜，冷也冷死了，嚇也嚇死了，我上岸後躲進了一個防空洞。躲了一天，晚上轉到一個尼姑庵。庵旁邊有個草棚子，棚裏面有個四十多歲的農民。我掏出十二塊大洋，求他救救我。說了許多好話，他才燒了一點胡蘿蔔給我吃，又給我換了一套對襟的藍布老棉襖，還有一條手巾，我拿來紮在頭上，就這樣逃了命。

五十年後的今天，我找到了劉永興。過了青溪上的竺橋朝前走，小巷的丁字路口就是他的家。他中等個子，很健朗，紅潤的臉，頭髮和鬍子都花白了。他今年七十四歲。他是南京玩具廠的退休工人，可仍然丟不下他的裁縫手藝。我去訪問的時候，他正戴着一副老花鏡在裁剪衣服。他用一口地道的南京話向我絮說九死一生的經過時，有一句話重覆了十幾遍：「嚇人啊！嚇人啊！日本兵狠啊！」

殺人者田所（日軍士兵）：

那時我們駐下關。我們用鐵絲網上的鐵絲把抓來的俘虜每十個捆成一捆，推入坑中，然後潑上油燒死。有種殺法叫「勒草包」，殺時有種像殺豬一樣的感覺。幹着這些事，對殺人就會變得無動於衷。因為這對我們來說太司空見慣了……再者，因為是命令也就不去多想它了。

也有用機關槍掃射殺人的。把機槍左右兩邊一架，嗒嗒嗒掃射。

這是一個有勇氣的人。說真話是需要勇氣的。

煤炭港【遇難者三千餘人】

日本《揚子江在哭 —— 熊本第六師團出兵大陸之記錄》：

在那寬闊的江面上，漂浮着數不清的死屍。放眼望去，全是屍體，江岸上也是，幾乎看不到邊。這些死屍中不光有士兵，還有許多平民，有大人也有孩子，有男有女，就像滿江的木排，緩緩地向下游漂流。把目光移往上游，看到的也還是屍山，簡直無邊無際。

揚子江正在變成一條死屍之河。

倖存者說：

我叫潘開明，今年七十整。小命是撿來的。我從小就命苦，父母早死了，姐妹八個給了人家四個。大妹妹早出門了。我是老大，十四歲到水西門的陳有記理髮店當學徒。學了三年，自己挑擔，手裏拿一副行頭，兩塊薄鐵板中隔一根木棍子，一拉嗒嗒嗒響，剃一個頭十個銅板。生意不好，連青菜煮黑麪條還吃不飽，晚上還去拉黃包車，就這樣一天也掙不了幾角錢。活不下去了，一個弟弟賣了三十五元，還有一個小弟弟給人拐走了。

日本人來了，先扔炸彈。成賢街的教育部、中央大學都炸了，八府塘那邊炸死不少人！難民都跑反，拉黃包車生意好了，新街口到下關一趟能掙四角錢。沒有幾天，日本兵進了城，我躲到鼓樓二條巷二十四號的洋房裏。那裏是難民區，那年我剛好二十歲。

十三日上午八九點鐘的樣子，我出門去看看，三個日本兵把我帶走了，帶到了大方巷口的華僑招待所，造得像宮殿的那種式樣。日本

兵把我和另外七八個人關在一間小屋裏，三天不給吃不給喝。十六日下午，日本兵把我們趕出小屋，用繩子一個個地反綁起來。排好長的隊伍後，又用長繩子把隊伍兩旁的人的膀子與膀子連起來。我排在右邊，從前面數下來是第七八個，兩邊有日本兵扛着槍押着。

到了下關，走熱河路，再往靠河邊的一條小巷子進去，到了煤炭港，就是以前火車過長江的那個地方。

隊伍停下來了，我看了看，大概有三百多人。日本兵用皮帶抽、用槍托打，把我們都趕到煤堆上，四周機槍架好了，一個日本兵「啊」的一聲大喊，接着哨子一吹，槍聲就像放鞭炮似的劈裏啪啦響了，人一排排地像割稻子一樣倒下了，我糊裏糊塗地也倒了，人昏了，不知道是死是活。

那天白天晴，多雲。夜裏月亮當頭的時候，我醒過來了。身子動不了。睜眼一看，我身上壓着死人，身上盡是血！我想：我是人還是鬼？我死沒死？

推開死屍，我爬起來一看，還有幾個人坐着，我數了數，有八個。我問離我近的那一個人：「老總，你沒有死？」

那是個軍人。他說：「沒有。」

這時，坐在鐵軌邊上的一個人把反綁的繩子磨斷了，後來你幫我、我幫你，八個人的繩子都被解開了。

我爬到江邊，先把黑棉袍子外面的灰大褂脫下來，洗了洗，擦掉身上的血，就摔到江裏去了。我四天沒吃飯了，身上沒勁，就靠在一個鐵架子上養了一會兒神。這時，其他人都各奔東西了，有的到和記洋行，有的抱着木板過江了，有的帶着傷一拐一拐地朝城裏走，好幾個都是中央軍，講的四川、廣東口音。有個人問我：「你不走啊？」

我說：「我是本地人，不能走。」

坐了一會兒，我慢慢地站起來，往一排空房子裏走，在這裏撿了一件破衣服穿，天亮走到熱河路。不料，惠民橋邊過來了四個日本兵，我嚇死了。日本兵大吼一聲，要我站住。問我：「幹甚麼的？」

我說：「老百姓。」他們抓過我的兩隻手看了又看，摸了又摸，又問我出來幹甚麼。我騙他們說：「給日本先生挑東西。」邊說邊把手搭在肩上裝出挑擔的樣子。一個日本兵問我：「有沒有路條？」

「沒有。」我心慌了。

一個中等個子的日本兵從衣袋裏掏出日記本，撕了一張，用鋼筆寫了「苦力使用過」幾個字給了我，上面還有些日本字我不認識。

他們穿了大皮靴在前面咯噔咯噔走，我在後面慢慢地跟着。馬路上沒有甚麼行人，全是死人，一堆一堆的。

進了挹江門，我就朝右邊一拐，插進了察哈爾路。翻過山，在古林寺旁邊碰見了一個種菜的老頭。我就跪下磕頭：「老爺爺，我幾天沒吃了，日本人把我拖到煤炭港用機槍掃，我沒有死，我逃出來了。」

這老頭五十多歲，臉黑紅，中等個子，留着鬍子。聽了我的話，他說：「可憐啊可憐！」他進到草棚子裏端出一大碗乾飯，用水泡泡給了我：「沒有菜，將就一下吧。」

吃完飯，他說：「現在不能走，你先睡一覺。」我在他的草棚裏睡了一覺，到晚上六點鐘的樣子，他說：「能走了，你走吧，路上當心。」

我跪下又磕了個頭：「老爺爺，謝謝你！」

他說：「不用不用，都是中國人！」

倖存者説：

你找我可找對了，我這人命苦，可也命大。我們那一批三千多人都給日本人打死了，就我一個逃了條活命，你說命大不大？要不，早變成鬼了！

從頭講？好。那時我在車行當學徒，就在珠江路小營那塊兒修腳踏車。日本人來了，我和我哥都躲到寶塔橋難民區英國人的和記洋行的房子裏。

十五日上午，日本人進來了，先是要洋錢、手錶、金戒指。難民區三千多人分三個地方，日本人放了三隻搪瓷臉盆，叫大家把這些值錢的東西都往臉盆裏丟，連婦女的耳環和老太太的簪子也都被搜羅去了。

到了下午四點多，來了二百多個日本兵，都扛着槍，叫我們都跪下來，四個一排。然後把我們押到煤炭港的貨房裏。機槍在大門兩邊堵着，還有上了刺刀的日本兵一邊一個管着我們。關了三天。

第四天早上，來了個翻譯，說：「現在出去做工，十個人一批！」

大門口的十個人先被趕出去了。過了十多分鐘，槍響了。我知道壞了！外面是河汊子，沒有通路，這下要死了！

兩三個日本兵進來趕出去十個人，外面江汊子邊穿黑衣服的日本海軍三四十個人一人一枝步槍等着。一陣槍響，第二批人又完了！

我是第三批，我排在前面，出去時我就站在江邊。都站好了，我知道快要開槍了，日本兵剛舉槍要打，我一個猛子拱到長江裏去了。這時，槍「嘣嘣」地響，我只管拼命往對岸拱。我早做準備了，在貨房裏就把褂子的鈕扣都解開，褲帶也解掉了，褲腰一捲掉不下來。江汊子有四丈多寬。我水性好，鑽到水裏先將衣服褲子都脫光，身上精

光滑脫拱得快。冷？那時一心想逃命，哪裏還管冷不冷！一會兒我就
鑽到對岸了，正好有節貨車廂翻倒在江邊，我就躲在火車肚子下，看
着對岸十個一批十個一批地用槍打死。死人多了，河汊口的那隻小汽
艇開幾下，把屍體沖走。日本兵那天中飯是輪流吃的，不停地殺。一
直打到下午四五點鐘還沒有殺完。冬天五點多鐘天就黑了，後來扛來
了幾挺機關槍掃，把好幾百個人一起趕出來在江邊掃死了！

天黑了，我從車廂底下鑽出來，手腳都凍麻了，又冷又餓。我躲
到了揚州班輪船碼頭邊的橋洞下，橋下都是難民的屍體。我在死屍堆
中找了一條破毯子把身子一包，就在橋洞裏躺下了。

天亮了，日本兵往橋下扔手榴彈，我在死角裏，炸不到。後來
來了幾個哨兵。我冷，動了一下，哨兵砰地給了我一槍。我曲着身子
睡的，右手夾在兩條大腿中間取暖。那日本兵槍法好，一槍傷了我三
個地方。子彈從兩條大腿中間穿過，兩條大腿和右手第四個手指都傷
了，黏糊糊的全是血。我不敢動，更不敢哼。夜裏我在死人穿的棉衣
裏扯出棉花把大腿包起來。

第三天太平一些了，日本兵抓了夫子來挖坑埋死人。我聽一個人
在講：「難民打死這麼多，還叫我們來挖坑。」

一個人來拖我時我動了，他說：「你還沒有死？」我說：「我不是
中央軍。」這個夫子四十多歲，他一看我的腿，就把我扶到橋上去。他
走過去跪下給一個翻譯官講：「這是個小孩，不是中央軍，還沒有死。」

翻譯走過去和日本人嘰裏咕嚕講了幾句，就過來對我說：「你是小
孩，寫個條子給你，回家吧。」

我不能走了，就爬着回去。過煤炭港貨房時我站不起來不能鞠
躬，站崗的日本海軍給了我一棍子，疼死了。我連忙咬着牙站起來鞠

躬，又遞過條子，才爬回和記洋行。

難民區裏有個張老頭，八十多歲了，白鬍子很長，他的兒子和我一起被抓走的。我說：「我的命是撿來的。」他哭得很傷心。後來他用茶水給我洗傷口，又用死人的大腿骨頭刮粉敷在上面，兩天換一次，整整一年才好。

現在還不行。傷了筋，天一變就疼。大冷天光着身子在江邊泡了一天，身上一根布紗都沒有，凍啊，兩條腿得了關節炎。（本文作者見他兩個膝蓋上都貼着傷濕止痛膏）

那天我哥哥也被日本兵抓走了，他當挑夫，燒水做飯，一直到句容，夜裏把水桶扔在井裏跑回來了。他叫陳金龍，我叫陳德貴，我們兄弟倆命大。

唉，那時的人老實，都不敢動，叫跪就跪，叫坐就坐下。大貨房裏三千多人只有三個日本人看管，大門開着，又都沒有綁，一起哄，三千人至多死幾百個，兩千多都能逃出去，可就是沒有人出頭，都膽小，都怕死！

我陷入了深深的思索。求生是人的本能。可是，為甚麼面對着死亡，這麼多的人都不敢拼死去尋求生路呢？看來，懦弱和膽怯比死亡更可怕。或許，一個人或幾個人的膽怯和軟弱是可以諒解的，而懦弱一旦成了集團性的通病，成了國民性，那就會釀成悲劇。

我從中山碼頭走到煤炭港，走到當年英商和記洋行的舊址。我極力想從歷史的陳跡中尋找一點對於今天的人們仍然有用的東西。

我望着電廠那支高煙囪出神。下關電廠大門口用磚石和水泥修築的「死難工人紀念碑」深深地吸引了我，碑上記述着五十年前一個悲

慘的故事，它像電，它像火，照亮了人們的心。

電廠廠史編寫組一位姓謝的老同胞向我介紹了碑上的往事。他是遇難者們的代言人。

代言人說：

我們下關電廠早時候叫金陵電燈管廠，前清宣統元年用二十萬兩白銀建的，七八十年了，機器都是德國、美國造的。解放前改名揚子電器公司，成了宋子文的官僚資本企業。日本人來的時候，先是挨飛機的炸彈，但工人邊炸邊修，電燈一直亮到十二月十三日凌晨。當時廠裏有五十三個人留守。日本兵進城時，工人都躲到旁邊的和記洋行去了，後來被趕到洋行旁邊江汉子車站的一排貨房裏，就是以前火車過江的地方，又叫煤炭港。

電廠的五十三個人中有兩個失散了。副工程師徐士英被和記洋行的領班叫去給日本人配汽車鑰匙了。有個叫曹阿榮的工人，早些時候在上海的日本人開的豐田紗廠裏做過工，會說幾句日本話，就被日本兵拉去燒飯了。這個人聰明，他知道拉出去的人生命有危險，就對日本兵說燒飯的人不夠，把廠裏的周根榮、薛和福、孫有發和李金山四個人喊出來了。他本來還要多喊幾個人，但被日本兵制止了。

這幾個人死裏逃生留了活命。其他四十幾個工人和三千多難民一起，十個一批十個一批被押出去趕到江邊槍殺了。只有一個叫作崔省福的，他押出去時已是傍晚了，聽見槍響，他一頭栽倒在死人堆裏，一發子彈從他的肩上打進，從腰背穿出來，過了好久才醒來，終於九死一生地倖免於難。還有一個船工也僥倖活命。後來才知道，失散的兩個工人一個躲在朋友家中沒有遇害，另一個被日本兵殺死了。這

樣，我們下關電廠在日寇製造的「南京大屠殺」中有四十四個工人遇難。為了紀念和安慰死去的工人兄弟，解放初，我們在廠門口修了這座紀念碑。全廠工人天天見到它，它天天在和我們說話，述說這一段難忘的歷史……

漢中門外【遇難者兩千餘人】

【訪問記】

他出席過國際法庭。

我在繁華而又嘈雜的鬧市區找到了他的家。這裏是靠近南京最熱鬧的新街口的糖坊橋。一塊「佳樂小吃」的招牌和我筆記本中記下的門牌號碼對上了。大鐵鍋上熱氣騰騰，餃子的香味陣陣撲來。

「伍長德？你找他幹啥？」店主人問。

我遞過介紹信。

「在裏面，請。我是他的兒子。」他伸出沾滿麵粉的手引我穿過店堂，進入了南京市常見的木結構的老式舊屋。

屋裏很暗。一個瘦削的高個子老人從椅子上站起來和我打招呼。他雙手抱着個白白胖胖的重孫子，身邊靠着一根長長的白木拐棍。

伍長德老人長臉長眉毛，平頭短髮，眼睛不大，鼻樑上架着一副像玻璃瓶底一樣厚的近視眼鏡，額頭上像蚯蚓一樣的血管和紫紅色的皮膚上像細浪似的皺紋，說明了這位八十歲老人飽經的風霜和艱辛。

他向我述說了他的苦難和仇恨：

俺是徐州邳縣人，十七歲來南京做小工，後來當交通警，也做豆腐，一直住在這裏，住了六十多年了。

日本人的飛機大炮一齊攻南京，俺把家眷送到淮安丈母娘家去了，當時大兒子才三歲（就是門口那位「佳樂小吃」店主）。俺一個人躲進了中山路司法院的難民區，裏面有好幾百人，有兩個俺認識，也是交通警，都換了便衣。俺住小樓房。第二天進來躲避的人多了。

十五日早飯吃過的時候，來了十幾個日本兵，用日本話亂叫了一通，俺也聽不懂，不知說啥。後來就用刺刀趕大家出去，屋裏只剩下老人和小孩了。

大門不開，日本兵把俺從側門趕出來，趕到了馬路上，有好幾千人，都叫大家坐下，不知他們要把俺們怎麼的，心裏很害怕。日本兵還在大聲地叫喊，反正俺聽不懂。

在馬路上坐了有個把小時，日本兵就用刺刀趕俺們站起來排隊走，走到新都電影院門口，停下來了，又叫俺們都坐下。不知搞啥名堂。

一會兒開來了好幾輛汽車，車上有日本兵有機槍。俺有點慌了。

汽車在前面開，俺們排着隊在後面走，往漢中門那個方向走。走到漢中門裏，又叫俺們在地上坐下。我看見日本兵把汽車上的機槍搬下來，扛到城門外去了。

壞了！四周都有端槍的日本兵看着俺們。一會兒，兩個日本兵手拿一根長繩子，一人一頭，在人堆裏圈，圈進去的有一百多個，日本兵拉着這個繩圈圈把他們押到城門外面去了。

城門外面是秦淮河。俺害怕了，要殺人了！很多人都緊張，又都不敢說，更不敢動。

槍響了，有哭的，有叫的，嚇得人心裏發毛！隊伍亂了套，坐着

的人有的嚇癱了，倒下去不會動了，看押的日本兵當場一槍打死！

第二批又圈走了一百多個。從城門外進來的日本兵刺刀上鮮血淋淋！到了五點鐘的光景，俺也被圈進去了。這時，剩下坐在地上的還有兩三百人。

俺們那一批人中有的知道要死了，嗚嗚地哭，有的不吭氣，也有罵日本兵的。刺刀頂着脊樑，誰都不敢動，也沒法子跑。走出城門，就是護城的秦淮河。日本兵把俺趕到河的堤坡上，岸上有兩挺機槍對着，堤坡上屍體層層疊疊一大片，血像小河似的一股股地向河裏流。

俺急了，趺趺撞撞地向前衝了幾步，就趴倒在屍體上面了。這時，機關槍嗒嗒嗒地響了，人都倒了。只聽得「爹啊」「媽呀」地叫，也有「哎喲」「啊呀」喊疼的。

機槍掃過又打了一會兒步槍，是單響的。俺身上壓着的那個人一動也不動，好像是死了。

天黑了，屍體上好像有人在走。熱乎乎黏糊糊的血流到了俺的脖子上，俺是雙手抱着腦袋朝河水趴倒的。

啊唷！俺背上不知怎的，一陣火辣辣的疼痛。原來日本兵在上面捅刺刀，俺背上也戳了一刀，還好，不很深，刺刀是從上面那個死人身上穿過來的。

刀刺過以後又聽到了機槍掃射聲，俺身上撲通撲通又倒下來好些人，壓得俺氣都喘不過來。俺腦子清醒，上面人的說話聲，模模糊糊都能聽到。

後來倒下來汽油，又扔了不少劈柴。汽油味難聞。一點火，呼呼地燒起來了，俺身上的衣服也着火了，疼啊，又是煙又是火，俺受不了啦，死了算了，俺用勁拱，用勁爬，爬出屍堆，我脫掉了衣服，跳進了護城河。

河裏水不多。天黑了，日本兵走了，俺就爬上了岸。背上疼得直不起身子，只好順着堤坡爬。爬不動了，後來在岸邊見到一隻小船。船上沒有人，有破衣破褲子。我拿來就穿，衣服太小，俺個子高，穿起來露出肚子。

再爬，爬到了一家被火燒了一半的人家。俺在草堆中一倒，昏沉沉地睡着了。

醒來，俺用鍋灰抹了一下臉，挎了隻破籃子裝成要飯的進了城，到鼓樓醫院住了五十幾天傷才好。住院不要錢，是紅十字會救濟的。傷好了，背上留下了比雞蛋還要大的一個疤。

他掀起衣服的後襟，裸露出紫醬色的瘦弱的腰背給我看。腰脊骨偏左處，凹下去一條五寸左右的刀傷！月牙形的傷口早成紫褐色的硬塊了。他給許許多多人看過這塊傷疤。一九四六年五月，作為受害者和目擊者，伍長德被遠東國際軍事法庭邀請到日本東京，參加對日本戰犯的控訴！

他對我說：「大法官們坐在台上，有法國人、英國人、美國人和俄國人，俺中國的梅法官坐在第二位。當年氣勢洶洶殺人的日本鬼子如今像瘟雞一樣低着頭站在俺面前。俺把怎樣受傷、怎樣逃命的經過講了一遍，日本人沒有話好說！國際法庭給俺拍了好些照片帶回來，可惜『文革』的時候都燒了，照片上有很多外國人，俺怕『裏通外國』變特務！那時國際法庭給俺發了一個卡，在東京吃飯坐車都不要錢。俺坐在車上、坐在飯桌邊，就想起許多被日本兵打死的人。俺在法庭上說：要賠我們的損失！賠我們三十萬人的生命！不知怎搞的，沒有回音。」

草鞋峽【遇害者五萬餘人】

一九三七年十二月十七日《朝日新聞》報道：

俘虜眾多難以處理　二十二棟人滿為患糧食供應頗傷腦筋

【橫田特派員南京十六日電】兩角部隊在烏龍山、幕府山炮台附近的山地俘虜了一萬四千七百七十七名南京潰敗敵兵，因為這是前所未遇的大規模的生俘敵軍，故部隊方面略覺為難。部隊人手遠遠不夠，只得採取臨時措施，將其解除武裝，押入附近兵營，兵營中塞進一個師以上的兵員，二十二棟房舍擠得滿滿的，真是盛況空前。××部隊長發表了「皇軍不殺害你們」這樣慈祥仁愛的訓話，俘虜們始而舉手叩拜，終而鼓掌喝彩，欣喜若狂，彼支那之散漫國民性，誠令皇軍為之羞恥。

報道有幾點失實：俘虜並非全是散兵，也有不少老百姓。俘虜的數字被大大地縮小了，實際人數是五萬七千多人。

五萬多人的命運如何？

四十七年後的一九八四年，日本福島縣七十三歲的田中三郎吐露了真情，當時他是兩角部隊的下士。《朝日新聞》記者本多勝一採訪了他。

一九八四年九月《朝日周刊》：

在南京北面有一座叫作烏龍山炮台的陣地，部隊向這裏進攻時，也未遇到有組織的抵抗。在沿支流挺進至幕府山腳時，一舉迫使大批

中國士兵投降了。各個中隊手忙腳亂地解除了這批俘虜的武裝，除了身上穿的以外，只許他們各帶一條毯子，然後就把他們收容進一排土牆草頂的大型臨時建築中，中國兵管此叫「廠舍」。田中先生回憶說，這些建築是在幕府山丘陵的南側。

被收容的俘虜，生活極為悲慘，每天只分得一碗飯，還是那種中國餐中常用的小號「中國碗」，連水都不供給，所以常看見有俘虜喝廠舍周圍排水溝裏的小便。

在舉行入城式的十七日那天，根據上面「收拾掉」的命令，把這羣俘虜處理掉了。那天早晨，向俘虜們解釋說：「要把你們轉移到江心島的收容所去。」

轉移大批俘虜應當警備，所以配置了約一個大隊的日本兵。這是一次大批人員的行動，動作很遲緩，先把俘虜們手向後捆起來，出發時已是下午。出了廠舍，命令俘虜排成四列縱隊成一字長蛇，向西迂迴，繞過丘陵，來到長江邊，大約走了四五公里，頂多六公里。不知是覺察到可能被槍殺，還是渴不可耐，田中看見有兩個俘虜忽然從隊伍裏跑出，跳進路邊的池塘，但是立刻被射殺在水裏，頭被割下來，鮮血染紅了水面。看到這種情況，再也沒有人試圖逃跑了。

大羣俘虜被集中在江邊，這裏是一塊點綴着叢叢柳樹的河灘，長江支流的對岸可以看見江心島（即八卦洲），江中還有兩隻小船。

俘虜隊伍到達後三四個小時，俘虜們也注意到這個矛盾：說是要把大家送到江心島上，可是並沒有那麼大的船，江邊也看不出甚麼渡江的準備，就這樣不明不白地等着，天已經快要黑下來了。然而，就在俘虜們的周圍，日本兵沿江岸呈半圓狀包圍過來，許多機關槍的槍口對着俘虜們。

第四章・血似江水水似血

天將黑時，在田中對面的西頭，由於俘虜反抗，殺掉了一個少尉，因而傳來了「小心！有俘虜要奪刀！」的警告。

不一會兒，軍官們下達了一齊射擊的命令。重機槍、輕機槍、步槍圍成半圓陣勢，對着江邊的大羣俘虜猛烈開火，將他們置於彈雨之下，各種槍枝齊射的巨響和俘虜羣中傳來的垂死呼號混在一起，長江邊簡直成了叫喚地獄、無間地獄。田中也操着一枝步槍在射擊，失去了生路而拼命掙扎的人們仰面朝天乞求上蒼，結果形成了巨大的人堆。齊射持續了一個小時，直到沒有一個俘虜還站着，這時天已經黑下來了。

但是，就這樣結束行動的話，難免會放過一些活着的人，這裏既有只負了傷的，也有倒下裝死的。一旦真有活着逃出去的人，那麼這次屠殺全體俘虜的事實就會傳出去，成為國際問題，所以一個人也不能讓他活着出去。田中一伙日本兵從這時開始直到第二天天亮，為了「徹底處理」而忙乎了一整夜。屍體疊成了很厚的一層又一層，要在黑暗中翻遍這屍層，從上萬人中確認一些人的死活是很傷腦筋的，於是想到了火燒。這些俘虜們都穿着棉製冬裝，點着了以後不容易滅，而且火光下也便於作業。因為只要衣服一着火，不怕那些裝死的人不動彈。

屍山上到處都點起了火，仔細一看，果然有些裝死的人由於經不住燒而偷偷地動手滅火，於是只要看見哪裏一動，便趕上去給他一刺刀，將其刺死。一面在層疊的屍山中翻來翻去，一面在煙熏火燎中了結事情，這種作業一直延續着，皮鞋和綁腿上都浸透了人油和人血。如此殘酷的「作業」毫無疑問也是在「殺敵越多，勝利越大」「給上海開戰以來失去的戰友報仇」「也算對得起戰友家屬」等心境中幹的。在

把那些還在動彈的人刺死時，心裏只有兩個念頭：這下子戰友的亡靈可以升天了；決不讓人活着逃出，留下證據。

田中說，能從殺人現場逃脫的人，「可以斷言一個也沒有了」。

人是殺不絕的。

就在《朝日新聞》記者本多勝一發表田中三郎回憶「叢叢柳樹的河灘」邊集體大屠殺的文章的同時，在中國的南京，終於查訪到了一位在這場五萬餘人的集體大屠殺中九死一生的倖存者，他叫唐廣普。一九八七年春天，我驅車一百多公里，在蘇皖交界一個柳綠麥青的鄉村中找到了他。

他記憶的屏幕上，又展現出了五十年前的畫面……

天黑下來了，挹江門內人潮洶湧。塗着白色十二角星的一輛坦克車吼叫着衝開了一條血路，坦克後面是斷肢裂體和血肉模糊的死屍！轟隆隆的履帶上沾着紅的血和白的肉！憤怒的人潮中，躍出一位穿灰軍衣的士兵，他往坦克車的車門裏塞進了一捆手榴彈。「轟」的一聲，煙火升騰，炸毀的坦克堵塞了城門洞，擁擠的人潮更擁擠了。

輜重營開汽車的戴三顆花領章的上等兵唐廣普絲毫不同情被炸死的開坦克車的駕駛兵。為了逃命，自己人軋自己人，太殘忍了！他和比他大兩歲的張營長的警衛員唐鶴程手拉着手緊緊靠在一起，他們都是教導總隊的，他們怕被人擠倒和擠散。腳下全是被擠倒後踩死的人，軟綿綿的真可怕！湧動中，不知哪個部隊的一個高個子士兵提議：拉起手來。拉手也不頂用，人潮像咆哮的波濤。後來每個人解下綁腿帶，六個人的手腕與手腕拴在了一起。一人衝倒了，左右兩邊的人一拉就起來了，逃生的時候是能急中生智的。好不容易出了挹江

門，唐廣普的好友唐鶴程找不到了，手腕上的帶子斷了！

走到下關，唐廣普遇到了救星，胖乎乎的上司騎在一匹棗紅馬上，手拿着一個喇叭筒在大聲喊着：

「弟兄們，要想活命的，跟本總隊長衝！」

哪個不願意活命呢？散兵們圍着總隊長聽他的喊話：「現在沒有船，過不了江。敵人採用五爪金龍和一字長蛇陣的戰術，幾路分兵殺來，我們走三汊河衝出去，衝到敵人的後方去！」

像一陣旋風，人潮都向着三汊河捲走了。沒跑多遠，唐廣普掉隊了。另一部分人朝下游走，他又遇到了唐鶴程，他們跟着一伙人走過了老虎山，走到了十多里外的燕子磯。

滿街都是人。爭相逃命的人扛着木板、木盆、木桶往江裏跳。唐廣普和唐鶴程東找西找，找了個豬肉案子，兩人抬着扔到長江中，肉案子太重，在水中四腳朝天，半漂半浮，兩人一踩上去，立即翻了個身。他們濕漉漉地爬上了岸，又找了兩個小櫃子，用綁腿帶一邊一個拴住，這樣好一些了，唐廣普手拿着一把小鍬用勁往江北划，但不行。沉重的肉案子把不住方向。右邊划往左拐，左邊划往右拐，只能隨波逐流地朝下游漂，漂到了笆斗山。

「我生在江北，看來要死在江南了！」唐廣普想起了他蘇北阜寧的故鄉，對天長歎道。

唐鶴程安慰他：「不會的，不會的。」

划不過江了，只好往回划，幾下就到了岸邊。

夜靜更深，風雪陣陣。穿着被江水打濕的衣服，他們瑟瑟發抖。兩人的鞋子都掉了，肚子裏早唱起了空城計。他們攙扶着朝燕子磯鎮上走。太疲勞了，在密密麻麻的人堆中，他們一倒下就睡着了。

矇矓中響起了「叭叭」的槍聲。睜眼一看，穿黃軍服的日本兵在眼前高喊：

「出來，通通出來！」

他們端着明晃晃的刺刀，將人羣朝一個廣場上趕。

一個會講中國話的日本兵說：

「哪個認得幕府山，帶路！」

有人說：「我認得！」

在刺刀的寒光和晨曦的微光中，黑壓壓的隊伍被押走了。

白矇矇的朝霧和白矇矇的水汽混成一片，沿江的大路上，蠕動着一條黑色的長蛇。走得慢的和走不動的，立即被刺刀戳穿了胸腔，刺成重傷的難民在路邊打滾和哭喊！

幕府山一片荒涼。光禿禿的雜樹和枯草間，有十幾排毛竹支架起來的草房。這是教導總隊野營訓練時臨時住宿的營房，四周用竹籬圍着，竹籬上裝上了鐵絲網，鐵絲網外邊是陡峭的壕溝。

十幾排草房中都塞滿了人，背靠背、面對面地擠在一起。有男有女，有軍有民。唐廣普看得真切，有幾十個女警察也被綁着押來了，看樣子是從鎮江方向逃來的。燕子磯、上元門和沿江一帶的難民與散兵，都一隊一隊地押送到這裏來了。

沒有吃，沒有喝，只有獸性和暴行！鬼子拿着粗大的木棍和刺刀在巡邏。對於大聲說話的，好強反抗的，不時用木棍狠命地揍，或者用刺刀使勁地捅！

到了第三天，每排草房的門口放了水桶和木盆，被囚禁的人才喝到一點從土井中打上來的泥水。

第四天，一個四川口音的國民黨兵悄悄地說：「跑啊，不跑不得

了！」怎麼跑呢？

那天夜裏，這個四川兵把蘆蓆草蓋的大禮堂點着了。一霎時，風吼火嘯，烈焰騰空！唐廣普在禮堂斜對面的一排草房子裏。草房子裏的人都衝出了門朝外面奔跑！日本兵的軍號嘀嘀嗒嗒地吹起來了，四周的機關槍開火了，已經爬上鐵絲網的，像風掃落葉般地倒下來，踩着人背跳下了壕溝的，也因爬不上陡峭的溝壁而被槍彈打死在深溝中。人羣像沒頭蒼蠅似的到處亂竄。彈雨橫飛，火光沖天！混亂中，不少人跑到了伙房，直抓水缸中的大米飯一把一把地往嘴裏吞嚥。唐廣普衝過大禮堂邊的山頭，一看前面的人都一片片地倒下了，連忙折回頭來。這時，四面燈光刺目。他躥到伙房中，也抓了一把米飯，狼吞虎嚥地下了肚子後，再伸手去抓已經沒有了。他這是四天來第一次吃飯。

禮堂燒成了灰。人潮漸漸平息下來。奔逃的人羣死了好幾千！

第二天天沒亮，幾輛卡車開進了幕府山。車上裝的全是整匹的白洋布。鬼子兵一羣一羣地守在每排草房的門口，用刺刀把白洋布「刺啦刺啦」地撕成布條子。

大約凌晨四點的樣子，日本兵大吼着：「出來，統統地，出來！」

草屋裏的人一個個地出了門，門口的日本兵用白布條將出來的人先是背着手反綁，再把兩個人膀子靠膀子捆起來。唐廣普説：「一動不能動，哪個強一強，當場就一刀，人不如一隻小雞！」

綁到下午四點鐘左右，會説中國話的那個日本人又喊了：

「哪個認得老虎山？」

「我認得！」有人説。

「好的，前面的帶路！」

四個一排，一條黑色的長蛇，從幕府山的草房裏慢慢地游動出

1937 年·南京記憶

來。轉出山口，路兩邊扔着一大片被日本兵槍殺的屍體，橫七豎八。

　　隊伍騷動起來了。日本兵説話了：「到了老虎山，就送你們到南京城裏去米西米西（日語，即吃飯）！」

　　拖着沉重的腳步，隊伍來到了老虎山下的江邊。這地方叫草鞋峽，又叫上元門、大窩子。冬季是枯水期，江灘上生長着稀疏的柳樹和一蓬蓬枯萎了的蘆葦。

　　「坐下，統統地坐下！」會説中國話的日本軍官説，「送你們到江心島上去！」

　　透過蒼茫的暮色，可以看見江邊停靠着兩艘小汽艇。「過江？這兩條小船能過多少人？」人羣中有人議論。

　　「壞了！沒得命了，要下毒手了！」有人看見日軍四面架起了機槍，連小汽艇上也有黑洞洞的槍口。

　　天慢慢黑下來了，坐在江灘上黑壓壓的一大片人羣周圍，有上了刺刀的日本兵警戒着。「不能綁着死，做鬼也要做個散手鬼！」有人説，「咬，把疙瘩咬開！」唐廣普擠坐在大路與江邊的中間，他又找不到唐鶴程了，他用牙齒咬開了前面一個人手膀上的布條結，後面的人幫他解開了手腕上的布條。你幫我，我幫你，唐廣普周圍的人大多都鬆了綁。

　　這時，江邊兩條小艇上探照燈的白光像刀一樣刺射過來。路邊的樹枝上撒上了稻草，再澆上汽油，一點火，像火把一樣照亮了夜空。沒等警戒的日本兵撤離，江邊混亂起來了：

　　「掐死他！掐死他！」

　　「奪槍！奪槍！」

　　「要死一起死！」

騷動中傳來了一陣又一陣的叫喊聲。

俘虜們三四個人拖住一個日本兵，用拳頭揍，用手扼，用腳踢，用牙咬！鬼子們扔掉了槍，哇哇亂叫。腿快的都跑上了大路。這時，四面的重機槍一齊開火了。混亂中，唐廣普又碰見了唐鶴程，兩個人連忙臥倒摟在一起。「嗒嗒嗒」的機槍聲吼叫了二十多分鐘後停了，江灘上密密麻麻地躺滿了血淋淋的屍體。還有些人在爬行、在滾動。唐廣普晃晃唐鶴程，唐鶴程也晃晃唐廣普：

「怎麼樣？」

「不知道。」

「你怎麼樣？」

「我不行了。」

其實，唐鶴程沒有事。兩人都沒有知覺了。唐廣普的右肩被江邊小汽艇上掃射過來的機槍子彈打穿了，但他不覺得疼。他只是用兩手的肘部死死地抵在江灘上，這樣好喘氣。他的身上重重地壓着好多屍體。他隱隱覺得上面有人在掙扎，在叫喊。

槍聲停了五分鐘左右，第二陣機槍又吼叫了，掃射了一刻鐘光景，槍聲停了。唐廣普再搖搖唐鶴程，他不會動了。唐廣普用手一摸他的頭，頭上黏糊糊的。唐廣普想：「他的頭被打開了。」

槍聲一停，日本兵踩着屍體上來了。他們用刺刀戳，用木棍子打，還沒有死的人在大聲地喊和罵：

「哎喲，我的媽啊！」

「日本兵，你來補老子一槍！」

「日本人，你對不起我們啊！」

「狗東西！畜生！」

打過、刺過，日本兵又搬來稻草和汽油焚屍。火勢熊熊！活人的喊叫聲和屍體燃燒的吱吱聲以及樹枝嗶嗶剝剝的爆裂聲混合在一起。紅色的火焰主持黑色的葬禮！

在底下的唐廣普，忍受不了上面流下來的鮮血、汽油、熱浪、煙火和發燙的人油！他在下面透不過氣來。他要逃命，他渴望活着，求生的本能給了他力量和膽量。他前拱後拱都拱不出來，硬蹭硬蹭才蹭出半個身子。他看到，日本兵嘰哩呱啦地在大路上烤火。唐廣普在死屍堆上慢慢地爬、爬，爬到了江邊。他聽聽動靜，江浪嘩嘩地響，他的心怦怦地跳。

還有一個人也在爬。唐廣普小聲地對他說：「慢點，不要給日本人發現。」

那人回答：「要跑啊，不跑不得了啊！」

「輕點、慢點，等他們走了再跑。」

他說：「不行，不行。」

他跑了，跑不多遠，撲通一聲，這個要逃命的人掉到了一個小河汊裏去了。水一響，日軍驚叫起來，機槍吐出了長長的火舌。

唐廣普不敢動了，他輕輕地拖過一具屍體擋在自己的面前，又過了一陣，日本兵吹哨集合了。「大概有十二點了。」唐廣普想。

日軍的大皮靴在路上咔咔地走遠了，唐廣普才拔腿，順着江灘往燕子磯跑。灘頭全是蘆葦，他在爛泥和蘆葦根中深一腳淺一腳地走着。

出了蘆葦灘，前面發現了紅紅的光亮，像一盞燈，像一團火。他怕碰見日本兵。他用耳朵貼地聽聽，沒有一點聲音。他朝紅光走去，用手一摸，是一堵被火燒毀了的牆。風一颳，木柱上又冒起了火星。

牆腳下熱烘烘的，他一摸，是燒焦了的稻穀，還燙手呢。

雞叫頭遍了，唐廣普鑽進這熱烘烘的穀灰裏，抓一把燒焦的穀子，一粒一粒地嗑着吃。

天亮時他被凍醒了。四周看看，沒有一個人。這裏是燕子磯，死一樣的沉寂。村莊被燒毀了。他往江邊走去，忽然，江中飄動着一面太陽旗！他連忙鑽進江邊的一座磚窯。窯裏有五個死屍，全是散兵，四個穿灰軍服的士兵，一個穿黃呢子服的軍官。他躺在屍體堆中，一動不敢動。

外面沒有動靜。唐廣普從窯洞口探出頭來看看，太陽旗已到了岸邊，它插在一條小舢舨上，舢舨上是一老一少的兩個農民，看樣子是父親和兒子。

兩人上岸了，繩子拴在一棵小樹上。唐廣普像見了親人，他立即跑過去。

「老伯伯，救救我的命！」他一邊説，一邊趴在地上連連磕頭。

老漢看着面前的這個血人：「你是哪裏的？」

「昨天夜裏日本兵在大窩子殺人，我是從死屍堆裏爬出來的！」

老漢微微點了點頭：「怪不得昨天夜裏槍聲響了那麼長時間。」

二十出頭的年輕人氣呼呼地問：「你是中央軍吧？」

唐廣普一看他怒氣沖沖，就趕緊笑着説：「大哥，我、我是抓壯丁來的。」

「哼，沒有看到你們打日本人，反把我們的房子先燒了！」

唐廣普一個勁地磕頭，嘴裏一聲接一聲地叫：「大哥，大哥，做做好事！」

老漢埋怨他的兒子：「講甚麼東西！」

「老伯伯，江北還有我的父母，你帶我到八卦洲吧！」唐廣普一再求情。

老人為難地搖搖頭：「不行啊，被日本人的巡洋艇發現就沒得命了！」

一老一少走了。他們是來搬稻草的。唐廣普連忙上去幫忙。老人說：「我們跑反到了八卦洲，兩條牛拉去了，沒有草吃，來拖一船稻草。」

裝好草，唐廣普再一次下跪磕頭。老人終於點了頭，叫他鑽進草堆裏去。他的上面，是一面迎風飄揚的太陽旗。

唐廣普安全地到了八卦洲。八卦洲上有許許多多散兵。八十八師的、八十七師的、三十六師的、教導總隊的。八卦洲上有幾十條船，船都沉沒在內湖裏。唐廣普到了八卦洲，像魚兒躍入了水。一個人是孤獨的，孤獨是可怕的。軍人又回到軍人的隊伍中了，雖然都是散兵，都是敗兵，但都是戴青天白日帽徽的國軍。他在八卦洲上吃了些東西，他感到溫暖多了。

第二天，據說是一個師長，還有另外三個軍官，化裝成士紳的模樣，皮帽、長袍、大褂、金絲眼鏡。四個人的後面，跟着七八個隨從，隨從們的手上，一人端一隻大木盤，木盤上是用紅紙包封裝的一筒一筒的銀洋，還有香煙、糕餅、水果、紙糖……

從上游開來了日軍的巡邏艇，艇上有烏黑的機槍和紅白相間的太陽旗！八卦洲的碼頭上鞭炮齊鳴，鑼鼓震天，震天的鼓樂聲中，有一面白布做的太陽旗在搖動。

汽艇靠了岸。艇上走下來一個小隊長模樣的日軍：「甚麼的幹活？」

戴皮帽子的人上前一個九十度的鞠躬：「報告太君，我們是八卦

洲的難民，從南京逃出來的難民很多，這裏地方太小，已經沒有吃的了，請求皇軍准予我們送一部分到江北去。」

翻譯官用日語重複了這個意思。戴皮帽子的人朝端大盤的人示意了一下，一大盤堆得高高的紅紙包送到了日本軍官面前。他拿起一筒，用手掂了幾下，「哧」的一聲撕開紅紙，白花花的大洋在盤中叮叮噹噹地響。

「要擺渡到江北去，有沒有支那兵？」

「很少，徒手的，沒有武器。」

「你們有幾條船？」

「六條船。」

「甚麼船？」

「三艙小船。」

小隊長想了一下，從口袋中掏出個本子，用鋼筆唰唰唰地寫了個條子，交給戴皮帽子的人，算是通行證明，並規定了擺渡時間為上午八點至十二點，下午一點至五點。

日本軍官又一一打量了這些人，一個個都點頭彎腰。當他的目光掃到那面用長竹竿挑着的太陽旗時，他搖了搖頭：「這個的，不行！」

太陽旗是用白牀單做的，上面用紅顏料畫了個不圓的太陽。

日本軍官叫人從船上拿來一面新製的太陽旗換上：「這個，標準的！」

小汽艇開走了，盤子上的禮物全被帶走了。

敗退到了絕路的中國兵有了生的希望。四面環水的八卦洲上，隊伍又集合起來了，按照各單位的編制站隊，還指定了帶隊的長官。

幾十隻木船和隱藏起來的槍枝彈藥都抬到了洲的北岸。唐廣普站

在教導總隊的行列中，帶隊的是原一團一位姓韓的營副。他很激動：

「弟兄們，我們現在不是在作戰，我們是在逃命！但軍風軍紀仍然要嚴，大家選我帶隊，咱們要共同一心，歸奔大本營，到北徐州的台兒莊去！」

唐廣普是第一批下船的，他很快到了北岸。他慶幸江北人又回到了江北，慶幸自己死裏逃生。他踏上了江北黑油油的泥土，這時，他才發現，他的兩隻腳板全被蘆葦和石頭戳破了。他一步一個血印，一步一個血印⋯⋯

據日本防衛廳戰史室撰寫的《中國事變中的陸軍作戰》一書記述：在草鞋峽集體大屠殺中，「日軍也犧牲了九名軍官和士兵」。

日本《朝日新聞》記者本多勝一於一九八五年秋天採訪過唐廣普。他請唐廣普講一講幕府山囚禁時的房子是甚麼建築材料構成的，牆是甚麼樣的，房頂是甚麼材料。

唐廣普答：「那裏是十幾排簡易營房，稻草頂，竹子樑，牆是用竹子劈開後編成的，內側糊上黃泥，外面不糊的。」

他看見本多勝一手裏捧着一本很厚的書在翻閱。唐廣普湊過去一看，書中有幕府山營房的照片。他驚奇了：「你哪裏拍來的這些照片？」

唐廣普的敍述和照片中的房舍一樣。照片是當年日軍的隨軍記者們攝下來的。據説，五十年前的老記者不相信草鞋峽的大屠殺還會有倖存者，他想親自來，他八十多歲了，他的身體條件不允許長途旅行，他請本多勝一細細地採訪一下。

真實才是歷史。真實才有力量。

燕子磯【遇害者五萬餘人】

從幕府山到燕子磯的江灘上，密密麻麻地擠滿了從上元門和觀音門跑出來的軍人和老百姓。成千上萬的人都想從這裏渡江，過夾江就是八卦洲，逃到那片葫蘆形的江心島上，命就保住了一半。

日本兵已經衝出了挹江門，中山碼頭、煤炭港方向激烈的槍聲和像潮水般的呼叫聲這裏隱約可聞。從下關方向順流漂浮的人像野鴨子似的一羣一羣地朝下游沖去，也有在這一帶被江濤吞沒的，被激流沖到岸邊的。哭的哭，叫的叫，無路可退的散兵們擁擠在灘頭。膽大的拆屋卸門，抱着木板跳進江中逃生了。偶爾有一兩隻小木船從上游下來，灘頭上的人又是呼喊又是開槍，請求擺個渡，留一條活命。可江水茫茫，寒風呼呼，沒有一隻能擺渡的船！

人越來越多。從十三日開始，燕子磯就沒有渡船了。頭台洞、二台洞、三台洞，江邊十多個岩洞裏都躺滿了人。不少人以為，這裏有觀音閣有玉皇閣，菩薩會保佑落難人的。

廟堂裏紅燭高燒，香煙繚繞。僧侶們嘴裏唸着佛經，手中敲鼓擊磬，請觀音大發慈悲，請玉皇降魔捉鬼。朝拜的人跪滿了殿堂的裏裏外外，他們祈求神靈，他們虔誠地許了心願：躲過劫難，一定重塑金身！「隨緣樂助」的銀箱裏，銅板、大洋和一把把鈔票不停地丟進去。一個小腳老太太口裏唸着「阿彌陀佛」，把她手指上的金戒指捋下來，獻給了逢凶化吉的佛祖！

十九歲的郭國強躲在三台洞裏面。他是八十八師的士兵，雨花台失守後，他和散兵們一起向北敗退，退到燕子磯，走投無路了，他們

兩百多個弟兄換了便衣，現在都各奔東西逃命了。

突然，密集的機槍聲響起來了，他不敢出去看，縮成一團和逃難的人一起擠在岩洞裏。槍響了一個多小時。停了一會兒，洞外人聲鼎沸。大隊的日本兵搜山來了！

躲在岩洞中的人羣都被驅趕出來。有人不願出來，日軍就朝洞裏開槍，也有扔手榴彈的，悶雷般的聲浪過後，岩洞裏血肉飛濺，洞口飄出一縷縷白色的煙霧，硝煙嗆人。

走出岩洞，眼前的情景觸目驚心！山下的路上和江灘上躺滿了屍體。三面臨水的燕子磯上，等待擺渡的男女老少都被槍殺了！乾隆皇帝寫有「燕子磯」三個大字的御碑上也濺滿了鮮血。山石曲徑上屍首遍佈。懸崖枯樹上，倒掛着一個個死人！

土紅石赤，江水似血。金陵名勝燕子磯成了殺人的屠場！據説，在日軍機槍掃射的時候，不少人縱身跳崖，葬身江濤！

郭國強被日軍從三台洞裏趕出來後，乘機鑽進了路邊的小廟，屋裏有開山用的鐵錘和鋼釺，他把一根長長的鋼釺緊緊抓在手中。門撞開了，端着刺刀的日本兵衝進來驅趕屋裏的人，郭國強説：「我們是開山的。」他舉起手上的鋼釺給日本兵看。

日本兵朝他們四五個人看了看，都赤着腳，穿着破衣爛衫，便嘟嚷一聲走了。郭國強和他的四五個士兵弟兄逃過了劫難。

郭國強見日軍下山了，又回頭鑽進岩洞。三台洞有上、中、下三個洞，他沿着石梯向上攀登，直爬到洞頂的望江樓上。這裏本來是觀景的勝地，可現在他嚇得要命，他緊緊盯着山下像蟻羣一樣的人。

黑壓壓的人羣都被趕到了江灘上。冬天是枯水期，水落石出。江水衝上來的屍體密密地排列在灘頭，枯黃的蘆葦和野草在寒風中抖

動。日軍三面架上了機槍，灘頭上人潮湧動，鬧哄哄地隱約聽出有人在叫，有人在喊。

「嗒嗒嗒嗒⋯⋯」「嗒嗒嗒嗒⋯⋯」郭國強吃了一驚，十幾挺機槍一齊吼叫，江灘上的人像高粱稈似的一片片倒下去！

機槍不停地吐着火舌，震天動地的槍聲在冬日的水天間久久迴蕩。許多人跳入江中，長江的激流巨浪把一羣一羣爭相逃命的人吞沒了！

郭國強的心一陣又一陣地戰慄。長長的江灘上，從東到西，從西到東，全是被槍殺的屍體！日軍像野狗似的大聲吼叫。一批人倒下去，又從觀音門、幕府山一批一批地趕來。燕子磯的江灘上，機槍吼叫了一天一夜！

槍聲停了。燕子磯的僧侶們雙手合十出來觀看，他們見到了一幅十八層地獄的慘象！從幕府山下的三台洞到燕子磯頭，幾里長的江邊屍首累累，血肉模糊。迎面撲來的陣陣寒風中，都充滿着濃烈的血腥氣！

觀音閣的能益法師對着長天連聲哀歎：「罪過！罪過！」三台洞的松修法師和寺廟裏的和尚身披袈裟，手持法器，一齊列隊來到江邊，為善男信女的亡靈超度！

木魚聲聲，鼓鈸聲聲，長號在江面上嗚嗚地哀泣。燕子磯四座寺廟的幾百個僧侶面對屍山血海，一齊跪拜！他們合掌閉目，口唸《阿彌陀經》和《往生咒》。

第五章　虔誠的教徒

在有人羣的地方，都有宗教的圖騰。

它神祕而神聖。

佛門弟子

淞滬的炮聲把南京的各界人士都捲進了抗戰的烽煙。全民動員！和尚尼姑也組織集訓。南京有三百多座寺廟，和尚尼姑一千多人。佛教徒穿着黃衣服，一人一枝槍，軍隊的教官喊口令。跑步，射擊。槍裏沒有子彈。尼姑們組織了救護隊，學包紮，抬擔架，學了三個月沒有用。全城都唱《義勇軍進行曲》。日本飛機一次又一次地甩炸彈，城裏幾十門高炮不知怎麼的都打不下來！

日軍不怕中國人的高炮，卻怕中國人造的寺廟和寺廟裏的菩薩。他們逢廟進香，見佛就拜。日本兵身上大都帶有杏黃色的香袋，每經一處寺廟，總要在香袋上蓋個方印章。有的乾脆把印章蓋在衣服上。衣衫的背上有一行毛筆寫的大字：南無妙法蓮華經。他們祈求神靈保佑，保佑他們平安。日軍還有隨軍佈教士，隨時為陣亡的士兵唸經超度。有一個叫作小野瀨大勝的和尚住在城隍廟中，此人矮個長鬚，三十多歲，中國話講得相當流利。

南京的棲霞寺是日本人最崇敬的地方。一位老法師給我講了一個鮮為人知的故事：

千年古刹棲霞寺旁的山岩上，雕鑿着與雲岡石窟並譽的千佛岩。七百尊佛像大小各異，形態生動，是珍貴的文物。民國初年，有個日

本商人遊千佛岩時，偷走了一個佛頭。他回到日本，將佛頭供奉在家中。後來關東大地震，當地家家遭難，只有這位商人絲毫沒有損失。半夜，佛頭說話了：「我救苦救難，使你逢凶化吉，可你害得我身首分離，我頭在這裏，身在中國，你快將我送回棲霞山吧。」

日本商人點香燃燭供奉以後，用一塊紅綢布包好佛頭，就親自送到南京。棲霞寺的僧人夾道迎接，立即將佛頭安在佛身上。日本商人跪拜磕頭後，僱人刻了一塊石碑，將這一故事刻在碑上，碑名叫作《佛頭記》。

石碑立在山門一側，眾人看了連連稱奇，千佛岩的名聲更大了。侵佔南京的一部分日軍衝到棲霞寺後，一看寺門口的《佛頭記》，下令：「寺廟重地，不得入內。」這樣，躲在寺內的數百名中國散兵和難民才倖免於難。抗戰勝利後，一位曾在寺內避難的中國守軍，為報答棲霞寺的救命之恩，將避難經過刻成石碑，引出了一段神奇的故事。它意味深長，又發人深省。可惜，這兩塊碑據說都被砌入牆內了，這段動人的軼事也極少人知道了。

佛是人理想的化身。人不是佛，人是佛和魔、神和獸、善和惡的混合體。每一個人的心中，都有脫胎時留下的印記，都有一頭兇惡的猛獸。牠在尋求機會，牠衝動的時候，會撞開文明的鐵柵，發泄牠獸類的本性！這是返祖——心理的返祖。

棲霞山佛學院的融通法師目睹了日軍的暴行——

日本人進南京時，我十六歲，在古林寺上初級佛教學校。我的師父叫果言。冬月十四那一天，日本兵衝進寺裏，把近百個和尚與躲在寺裏的百把個散兵都趕到山門外的菜園裏集合。槍響的時候，寺後面

第五章・虔誠的教徒

一個四五歲的小孩跑着喊着來找他媽媽，鬼子的大皮鞋一腳踢過去，又狠命一踩，小孩的頭都被踩扁了！罪過啊！

後來我到城隍廟當和尚，城隍廟的師父叫光輝，是湖南人，當過北伐軍，方圓臉，很和氣。那天夜裏，日軍來搶東西，逼着師父要麻將牌和銀洋錢。師父說沒有，他窮得冬天都穿單褲，被日本兵飛起一腳踢在胸口，過兩天就死了。中華門外天界寺的老和尚也是被日本兵殺死的。我們城隍廟裏那時住了保安九中隊，都是警察。日本人一來，他們都放下了武器，被騙上汽車，一個個地殺掉了！日本兵殺人不管你老的小的，他不高興就殺。有一天上午，我看見秣陵路口一個老頭一個老太挑擔木柴出來，老頭不知甚麼原因被日本人殺了。老太坐在地上哭。一個三十多歲的女人頭上包着一塊藍布出來淘米，我們南京人叫下河貓子，被日本兵一刺刀戳死了，地上好大一灘血。那時明瓦廊有個春陽米行，日本人住裏面，我們城隍廟裏的一個伙計劉懷仁被抓進去毒打了一頓。可憐我的舅舅差一點命也完了，他四十八歲才找了一個寡婦，剛結婚，就被日本人抓了夫。一共四個人，搬完東西，一人一槍，我舅舅命大，打了三槍沒有子彈了，只好用刀砍，正要砍，出來一個軍官嘰裏咕嚕說了幾句，不殺了。晚上又出發扛東西，到了中華門外，我舅見路邊有一個小水塘，就扎下去了，日本兵開了好幾槍，天黑，都沒打中，菩薩保佑！

七十五歲的宏量法師難忘南京佛教界的劫難——

我十四歲進長生寺，長生寺在中華門外的方家巷，這個寺有三進三十多間房子，五開間的大殿中央是金身的釋迦牟尼，左邊觀世音，

右邊地藏王，四周是十八羅漢。頭進是彌勒佛，二進是靈官、文昌、關帝、五顯。長生寺規矩很嚴。我師父叫梵根，這個人宗教觀念很深，他不相信日本人會糟蹋寺廟，他說：「日本人也信佛教，都是佛門弟子，善哉善哉！」

日本兵攻下雨花台後就來了，躲也躲不及。梵根師父把寺裏的和尚召到大殿上唸經，香燭梵音，一個個都跪在蒲團上，向慈善的佛祖頂禮膜拜。端着刺刀的日本兵在院裏站好，派一個日軍進大殿拍拍和尚的肩膀，一個個地叫出來。到院中的丹墀上跪下，旁邊站一個和尚唸「阿彌陀佛」。砰的一槍，跪着的和尚死了，再叫一個出來念佛。一槍一個，十七個人念佛，十七個人斃命！清淨的佛地血跡斑斑，穿着僧衣的出家人竟倒在佛像面前！送佛送到西天。信佛的日本兵是唸着佛經殺害佛教徒的！

可憐我師父當時快五十歲了，和高座寺來避難的一個和尚一起被日本兵拉夫拉走了，穿着僧衣走的，一去沒有音訊。長生寺一共死了二十一個，只留下了我十一二歲的徒弟妙興和能行。

我當時躲到普照寺去了，普照寺在莫愁路靠難民區，這是講佛經的地方。長生寺還有個隆和尚也躲到普照寺來了，日本兵進到寺裏，他爬到羅漢菩薩背後躲起來，靠一個叫陳妙信的女居士用繩子吊送飯吃。剛下來，日本兵進來找花姑娘，先把輝因住持拖出來，叫隆和尚閉目念佛，一槍打死了輝因，隆和尚也嚇昏了。

逃進寺裏的尼姑和居士一起躲在大殿隔壁西方殿後的樓上，一個個都抹了煙鍋灰，度厄法師叫她們合掌念佛，不要出聲。大殿與西方殿的通道上，他搭了一張板牀擋起來，這裏睡了一個六十多歲的老太

107

婆。三四個日本兵要污辱這個老太，老太嚇壞了，用手指了指蚊帳裏面。日本兵一掀，衝進去哈哈大笑，七八個女的又喊又叫，連十一二歲的女孩也被糟蹋了！

小心橋百歲宮裏有位七十多歲的隆華老師太，她見日本兵作惡多端，虐殺生靈，就叫人在大殿上架好了柴火，自己盤腿坐在上面，日軍衝進宮後，她點火自焚，人和宮一起被燒了。

五十年後——一九八七年四月十七日上午，日本山妙法寺的二宮大山法師身穿袈裟來到了南京，他在江東門遇難者的累累白骨前合掌誦經，又手擊鼓磬，為「南京大屠殺」中死難的中國人超度亡靈！

阿彌陀佛！

善哉！善哉！

基督的信徒

他正坐在聖母像下讀《聖經》，他當了六十年的基督徒。他的一副老花鏡是五十年前用三十塊錢買的。我請他談談買老花鏡那一年的事情，朱壽義放下《聖經》，講述起來——

提起大屠殺，我要哭啊！我是基督徒，基督教我們人要愛人，要拯救世人。可日本兵卻人殺人，這是罪惡，這樣的人進不了天國永生。我從小在南京，南京危險了，我要逃揚州。我帶着老婆、兒女一起到水西門。一條小船上鋪了一條蘆蓆，剛要上船，上帝在我耳邊說話了：「船漏水了，不能去，要死在江裏的！」

我說：「回去！」花了七八塊錢，要了兩部黃包車，又拖回來。回到青年會，碰到費吳生和密爾士牧師，他們說：「不去好，你搬到安全區去吧。」

我搬到陰陽營四十七號，是平房，我把丈母、舅舅、姨父母、姐夫四五家三四十人一起叫去。只過了三四天，日本人來了，穿黃呢軍服，拿槍拿刀，兇樣不得了！是強盜！是土匪！甚麼都要。還是畜生，見到女人就強姦！我老婆抱着姑娘，臉上塗着鍋煙子，穿着她母親的破棉襖，四十幾天不洗臉！我跪在房子上禱告：「主啊，救救我吧！」

沒有用。我的親戚中，有三個姑娘被日本兵抓去了，小的才十二歲。（他停了好一會兒，哆哆嗦嗦地從衣袋裏摸出手帕擦去眼角上的淚花。）

我父親六十多歲了，天冷，戴了一頂皮帽子，日本人說他是「太君」，用繩子綁起來跪在地上，要殺頭，剛剛舉起刀，費吳生坐汽車來救了。耶穌保佑！

中國人可憐啊，一個老頭在陰陽營走着，日本兵舉起槍托，一下砸下去，滿頭都是血！十幾歲的一個小孩好好地站着，日本兵「嘿」的一聲，一刺刀捅到大腿上，血不得了，小孩爬不起來！我眼淚直掉！後來又說要夫子去抬子彈，抓去一百多個，一個都沒有回來！

我在中華路的三間房子也給日本人燒了，燒了我家不稀奇，燒了教堂我心疼。青年會是兩層樓的洋房，燒了教堂哪裏去禱告？

（說到這裏，朱先生嘴脣不停地顫動，眼圈慢慢地紅起來，全身都戰慄着。終於，淚水流下來了！）

我一生窮，我一生不做壞事。難民區地板上和我睡的一個人，叫王承典，鼓樓開拍賣行的，日本人來以後，他進了自治會，當個甚麼

社會局局長。四五十歲，個子不大。他對我說：「朱先生，我們是難友，我給你弄個位置，當個區長吧。」

我說：「我只能寫字算帳，我膽子小，這種事你另外找人。」

「這麼好的發財機會你不幹？」他說，「一區在夫子廟，日本人要去找花姑娘，你不幹，那你去二區，二區在升州路。」

「我不幹。」我說。

「你這個人不識抬舉。」他在地板上翻了個身，屁股朝着我了。

我要是去了，肯定要做壞事，就活不到今天了。那個王承典早死了！我最難過的是當亡國奴，出去左膀子上要戴太陽臂章，見到日本人要鞠躬。沒得辦法，忍辱負重啊！中華門城樓下那時有五個日本兵站崗，進進出出都要搜查，女人要脫褲子摸。慘！評事街小學門口有一個日本兵站哨，走過要彎腰低頭，我不走，我八年不走那條街！我不喜歡「中日親善」，我不忍心！你是記者，你是作家，你要講公道話，你看看我的心！

（他激動地掀起衣襟，露出一根根肋骨和滿是皺紋的鬆弛的皮膚。這是一個蒼老的瘦骨嶙峋的胸膛，胸膛裏有鮮紅的心和鮮紅的血！）

穆斯林們

豆菜橋二十八號是一座普通的樓房，躲在這裏的，是南京市伊斯蘭教一些年老的阿訇。阿訇是伊斯蘭教的神職人員。房主王壽仁是一位和善而熱情的穆斯林，他也是阿訇。這些頭戴白帽、銀鬚飄

拂的教徒們，不管外面響着鐵蹄聲和槍聲，仍然堅持一天五次面朝西方麥加禮拜。

王壽仁今天睡不着覺。白天，好些教徒都來找他，日本兵燒了好幾處清真寺，殺了不少穆斯林，請求教會想想辦法。作為阿訇，他有這份責任。教徒們在流血，在亡故，亡人還曝露於野。真主用泥土創造了人，亡人應該回到泥土中去。可眼下人人自危，日本兵天天在殺人放火！

馬阿訇、沈阿訇、余阿訇幾個也睡不着。都是六七十歲的老人了，何時見過這種慘象？大家席地而坐，悲憤地談着穆斯林的遭遇。中華門外西街清真寺住着張巴巴一家七人。幾個日本兵衝進寺後，拉着他媳婦就要污辱，張巴巴兩眼紅得像兩團火，大罵日軍：「畜生！畜生！」日本兵開槍了，張巴巴睜着眼睛倒在清真寺內。日本兵還不罷休，把剩下的六人趕到院中，一陣機槍叫，一家人都倒在血泊中了。兇惡的日軍還放火燒了清真寺！

小屋裏搖曳着蠟燭光。提起教胞們的苦難，阿訇一個個都嗚咽起來。

清瘦矮個子的沈德成阿訇哭起來了。他想起了他的小孫女月雲。日本兵進城的第二天，他一家三代九個人正準備吃中飯。稀飯剛盛好，兩個日本兵來了，二十八歲的鄰居擴飛姑娘一看不好，立即把三歲的月雲抱在懷裏，表明她是一個有孩子的媽媽。日本兵一見擴飛，上來就奪過月雲往牆角裏使勁一摔，孩子直瞪着兩眼昏了過去。擴飛被兩個日本兵推進裏間強姦了。三歲的孫女月雲口吐黃水，再也不會說笑了，再也聽不到她脆生生叫「爺爺、爺爺」的童音了。她一直昏迷在奶奶的懷裏。她死了，奶奶還緊緊貼着那張蒼白的小臉蛋。

再也見不到太平路清真寺那個愛説愛笑的法阿訇了。他也被日本兵打死了。按照伊斯蘭的教義，亡人是要很快下土的。法阿訇的兒子法榮祥冒着危險去給父親收屍，卻被日本兵抓去背東西了，可憐法阿訇的遺體還在清真寺的院子裏躺着，草橋清真寺裏面，又出現了十多具穆斯林的屍體！

談着談着，阿訇們止住了飲泣。他們由悲轉怒。為了伊斯蘭的教義，他們要為死難的穆斯林按照回族的葬俗行殯禮。王壽仁和張子惠阿訇提出成立「回教掩埋隊」，沈德成、馬春田、馬煥庭、余玉書阿訇都贊成。年輕的阿訇也要參加，他們説：「為了全體穆斯林，我們不怕！」

當夜就分了工，王阿訇和張阿訇是清真寺的以馬目（領袖），他們年長德高，大家推選這兩位穆斯林當殯禮主任。余阿訇能寫會算，舞文弄墨的事由他負責。張阿訇和沈阿訇用湯壺瓶為亡人沐洗，穆斯林有沐浴的習慣。掩埋和抬亡人由墳山主馬明仁負責。虔誠的穆斯林們在邪惡面前挺起了胸膛！

白衣、白帽的隊伍舉着白布旗，白布上寫着「南京回教掩埋隊」七個黑色的大字，抬屍的掩埋的穆斯林膀子上戴着紅「卍」字臂章，白旗和白衣上的印章，是青年阿訇楊振祥用一塊豆腐乾刻出來的。

冰天雪地裏，行進着一支白色的隊伍。沒有哀樂，沒有哭喊，只有寒風的呼號和一具具用白棉布包裹的屍體。

星期五是主麻日，虔誠的穆斯林們都戴着潔白的禮拜帽步入潔淨而神聖的清真寺。我步入蘋果綠圍牆的木門，在太平路清真寺內見到了瘦小的沈錫恩阿訇。

沈錫恩阿訇很像他的父親沈德成，下巴上也留有長長的銀鬚。組

織「南京回教掩埋隊」那年他三十歲。那年，他三歲的小女兒月雲被日本兵摔死了。他也參加了殯葬，他和他父親都分工洗亡人。這位矮小的穆斯林微駝着背，他白髮白鬚白眉毛，兩眼的水晶體就像被蒙上了一層濃霧。但講起往事，他記得很清楚。我在一條叫作雞鵝巷的小街上找到了他的家，這是一座陳舊而簡陋的磚木平房。他捨不得離開它，他説——

　　我家清朝末年就住在這裏了，從曾祖父開始。我八十歲了，我沒有跟孩子走，我是作為紀念。我兒女有十一個，現在已經四世同堂，合起來大大小小有四十六個人！有的在杭州，有的在武漢，有的在揚州，還有個兒子在台灣，叫霞林，今年五十六歲，日本人來那一年才六歲，我拉着他到處跑，有夠苦的。

　　日本兵進南京是冬月十一，冬月初九是我三十周歲的生日，那天麵也沒有吃，大炮到處響，嚇得不敢出門。我想，我們是平民，是教徒，兩軍交戰對我們還不至於怎樣吧，總有人道吧。誰知第一天就出了事情，原先我這房子後面就是清真寺，管寺的是六十多歲的張爸，他是山東人，大個子，一個人流落到南京。他脾氣強，他要管清真寺，不去難民區。結果被日本人用刺刀戳死在寺後面的池塘邊，臉朝下趴着。是我給他沐洗的，哎喲！一身都是血！我數了數，上身下身有十幾處傷，衣服都被血黏住了，根本脫不下，我用剪刀從袖子裏剪開，剪到領子慢慢地撕下來的，灰衣服上黏着一片片的血和肉！沒有白棉布包，只好找了一條舊被單。可憐張爸單身一人，老了竟死得這麼慘！我們給他埋在中華門外，還用石頭立了一塊碑。

　　提起日本兵，我真恨啊！我當時洗的屍體，都是血淋淋的！少手少腳的，沒胳膊沒腿的，還有沒有頭的！我們伊斯蘭教的規矩是死了

人不得大聲哭喊的，可我忍不住，我難過，我總是嗚嗚地哭。中華門外一條巷子裏，地上躺着一個女人和一個小孩，小孩才一歲的樣子，扯着他媽媽染血的衣襟，哇哇哭着要吃奶，他不知道媽媽已經死了！漢中門內的烏龍潭裏，一個塘裏漂滿了屍體，滿滿一池全是血水！還有九華山下現在煤氣公司那地方，那時候來不及掩埋，死人堆了一大堆。去年有個日本人叫本多勝一來訪問我，我帶着他去看，我講了實際情況。日本有人說不是侵略，是進入，你進入到中國來幹啥？你拿着槍拿着刀殺人放火還不叫侵略？想起日本人我就來氣！

1937 年，南京記憶

第六章　街巷血淚

殺人「勇士」

南京遙遙在望。

先遣隊已經接近城垣。在蘇州花園式的公館中指揮華中派遣軍的松井石根司令官，披着一件黃呢子大衣發佈命令，他長方臉上的一字鬍在不停地蠕動：

「南京是中國的首都，佔領南京是一個國際事件，所以必須做周詳的研究，以便發揚日本的武威，而使中國畏服！」

這道「使中國畏服」的命令，無疑給殺紅了眼的日本兵打了一針強心劑。自從八月二十三日在上海灘登陸起，苦戰惡戰接連不斷。攻佔羅店用了二十多天。攻佔大場更為激烈，用日本軍史參照，相當於日俄戰爭中屍橫遍野的二〇三高地戰鬥，是傷亡慘重的一場惡戰。據日本方面統計，近三個月的上海戰役，日軍陣亡九千一百一十五人，傷三萬一千二百五十七人，兵力損失數相當於最初投入上海戰役的部隊的編制。日軍在攻佔南京中陣亡的官兵，比上海戰役中陣亡的還要多三千人。不到四個月，松井石根把兩萬一千三百名日軍送進了地獄。

據說，絕對服從和絕對自信是日軍的兩大特徵。被壓制的士兵只有壓制比士兵更軟弱的人才能滿足他們的獸性，猶如畏服老虎的狼只有吞食比狼更軟弱的羊才能滿足野心一樣。靠肉體取勝的日軍漠視自己的性命，自然更漠視別人的性命。在攻佔南京的日日夜夜裏，日軍普遍的傷亡厭戰以至絕望大大地強化了他們的上述心理。當時任日軍坦克小隊長的畝本正己提供了這樣的材料：「許多戰友眼見首都南京

的燈火在前，卻飲彈倒下，見此情景，使人不禁抱屍而哭。」「攻克南京，就可以回家了，最後一戰，立功的時候到了！」「幹吧，最後一拼！」

第六師團谷壽夫部下的大尉中隊長田中軍吉舉起了他的「助廣」軍刀，像砍樹和割草，斬殺了三百個中國難民！我的案頭有這把軍刀的照片。照片上的「助廣」軍刀，橫放在精製的刀架上，刀刃閃閃發光。當時日軍拍成照片，是為了「發揚日本的武威」，想不到卻成了中國人民的戰利品，自然也成了侵華日軍南京大屠殺的一件鐵證。

和田中軍吉一樣被日軍稱為「勇士」的，是日軍第十六師團中島部下的兩個少尉，這兩個殺人魔王創造了舉世震驚的「殺人比賽」。我手頭有他們的合影，富山大隊副官野田毅和炮兵小隊長向井敏明肩並着肩，兩把帶鞘的軍刀像人一樣站立着，每個人的兩手握着齊腰高的軍刀的刀把，黃軍服、黑皮靴、一字鬍，兩人的臉部流露出同樣的滿足和狂妄，不同的是站在右邊的野田毅比立在左邊的向井敏明矮十厘米左右。照片用的是側光，拍得很清晰，立體感很強，是《東京日日新聞》記者拍的，這幅照片刊登在一九三七年十二月十三日日本《東京日日新聞》報上，與照片同時發表的，是一篇新聞，題為《超過斬殺一百人的紀錄 —— 向井一百○六人，野田一百○五人，兩少尉再延長斬殺》。文章不長，寫得生動而驚悚：

（淺海、鈴木兩特派員十二日發於紫金山麓）片桐部隊的勇士向井敏明及野田毅兩少尉進入南京城在紫金山下做最珍貴的「斬殺百人競賽」，現以一百零五對一百零六的紀錄。這兩個少尉在十日正午會面時這樣說 ——

野田：喂，我是一百零五人，你呢？

向井：我是一百零六人！

兩人哈哈大笑。

因不知哪一個在甚麼時候先殺滿一百人，所以兩人決定比賽要重新開始，改為殺一百五十個人的目標。

向井：我們在不知不覺中，已經斬殺了超過一百人，多麼愉快啊！等戰爭結束，我把這把刀贈給報社。昨天下午在紫金山戰鬥的槍林彈雨中，我揮舞這把刀，沒有一發子彈打中我！

據報道，向井和野田是從南京郊區的句容開始殺人比賽的。星期日一天，向井殺了八十九人，野田殺死七十八人。到紫金山下時，向井的軍刀刀鋒已受了一些挫損，因為他把一個中國人從鋼盔頂上劈下來，連同身軀一起劈成兩半！

埋在心底的恨（採訪日記）

一九八六年八月十九日上午　天氣　晴

何守江　男　六十九歲　南京下關五所村二九〇號

你問我哪裏人？我老家在滁縣，十二歲要飯來南京，後來賣燒餅油條。日本人來了，跟着大家跑反到江北，我記掛着兩間小房子，就偷偷坐小划子過來，七里洲、上元門那邊全是屍體，回來一看，房燒了。日本兵到處搶花姑娘，拖住就幹壞事，還抓耳墜，搶金戒指，好些女人剃了光頭躲到尼姑庵裏。冬月十二，日本兵抓了幾百個難民趕到寶塔橋上，用槍逼着往下跳。寶塔橋是石橋，很高，跳下去的大部分都摔死了，淹死了。沒有死的，日本人在橋上用機槍掃，都死了。

那時煤炭港是殺人場，槍掃過再用汽油燒，燒得死人身上吱吱地響。日本人在那裏設了一個關卡，一個小青年把良民證拿倒了，日本

一九三七年十二月十二日日本《東京日日新聞》報導向井敏明、野田毅在紫金山麓繼續進行「殺人比賽」

兵打了他三棍子後，抓起來往地上摔，摔得半死。一個婦女鞠躬沒有鞠好，被一刺刀挑死了！

　　一九八六年九月十七日下午　天氣　晴
　　楊品賢　男　七十二歲　南京市侯家橋十八號
　　日本人攻南京，我在夫子廟樂古齋古玩店做事，剛滿師。老闆叫楊樂民。古玩店後來被日本人燒了！
　　我躲到華僑路兵工署裏面。和我住一起的是一對夫妻和一個六七歲的小孩，小孩扯着父親要到門外看看，日本兵一刺刀把小孩的父親

第六章・街巷血淚

戳死了！第二天下午，住我對面屋裏的兩個姑娘，被三個日本兵輪姦！父母嚇得閉着眼睛不敢動，姑娘蠻漂亮的，哭死了。你問我怎麼知道的？這我親眼看見的嘛！在我對面，門開着的。上海路防空洞裏躲了二三十個人，都被日本人用槍掃死在裏面！

領了良民證後，我回小彩霞街六號家裏去，一路上都有屍體。走到陸門橋，看到電線杆上掛下來一串東西，我走近一看，是用細麻線穿起來的一串人耳朵！走多近？三米差不多！從電線杆上頭掛到離地四五尺的樣子，我當時就想，這下殺了好幾百個人！這事我印象最深，不會錯，耳朵支離破碎了，都沾着血，我看了嚇得要命！後來我寫過一篇《劫後餘生》的文章，裏面寫有這件事，年代久了，文章找不到了。

一九八六年九月二十日上午　天氣　陰
張玉珍　女　八十一歲　南京市四牌樓七十三號

可憐啊，冬月十一日本人進城，冬月十二我家就遭難了。那一天，在門西福音寺開豆腐店的哥哥被日本兵逼到牀邊，非要花姑娘，我嫂子躲在蘆柴堆裏，嚇得發抖。日本兵找不到女人，就一刺刀把我哥哥戳死在牀上，牀下一抽屜滿滿的都是血！我姐姐一家更慘！

他們住哪裏？姐姐住在城南石壩街的自塔巷口，姐夫姓秦，以前在漢口做工，後來靠收房租在南京餬日子，他有三進房子，祖上傳下來的。他捨不得房子，所以不去難民區。

十二日那天，日本人衝進門，把姐夫和一個姓徐的房客拖到巷口，一邊一個站好，一人狠命地一棍子，兩人都倒下了。我姐夫四十九歲，戴一副眼鏡，高平頭，灰長衫。那個房客是郵政局長，快七十歲

1937 年，南京記憶

了，白頭髮。過了一會兒，房客醒過來了，他女人正準備跳塘，姓徐的老頭喊：「我沒有走，你不要尋死！」後來他們進難民區了。

後來？後來我姐夫也慢慢醒過來了，頭髮上黏糊糊的都是血。他剛要爬起來，日本兵又過來了，一刺刀戳進肚子裏，再一絞……

姐姐一看男人死了，日本人又經常尋上門做壞事，就咬了咬牙，帶着四個孩子跳進了巷子南面白鷺洲的金寶山塘！

有人跳下去救，救上來四個，一歲多的小孩淹死了。我姐姐那年四十歲，她中等個子，纏小腳，臉白白的，臉上有些雀斑。救上來沒有衣服換，躲在牀鋪下發抖，又冷又氣又怕，三個小孩子哇哇哭，哭他們爸爸，大的孩子才十一歲。

到晚上，日本兵來放火了，外面老太喊：「快出來，要燒死人了！」我姐擦了擦眼淚，拉着孩子從火裏衝出來。她是小腳，跑不快，摔了好幾跤，可憐！

第二天火滅了，灰堆裏躺着一個人，曲着身子，一半燒焦了，看到一隻黑鞋，才認出是我姐夫，只好草草地在白鷺洲挖了個坑埋了。

沒得辦法，家破人亡了，只好到難民區去，國際委員會救濟了一些衣服，發了兩條被單，還有一些糧食。那時候有好心人，也有壞良心的。我姐姐第二個小孩那年八歲，被人拐跑了。有人說是旁邊那家裁縫幹的。裁縫的女人不是東西，以前是夫子廟當妓女的，一臉惡相，她不會生小孩。好幾個人去找她，她到惜字庵裏賭咒發誓：「小孩要是我拐跑的，今天夜裏不得過！」這是下午三點鐘的樣子。菩薩真靈！當天夜裏這個女的得急病死了！怪不怪？

人要有良心，不要做虧心事。

121

一九八六年九月二十二日上午　天氣　晴

孫慶有　男　七十四歲　南京市石榴新村一五七號

以前這裏叫王府巷，現在叫石榴新村，因為對面有個石榴園，名字蠻好聽，五八年改的，年輕人不知道王府巷了。

日本人進城的第二天晚上，就來放火燒衛生所的房子。我們這裏是棚戶區，都是窮人，蘆蓆棚一點就着。對面省委黨校當時是國民黨的政治學校，日本人住在裏面做兵營，是中島部隊，壞得很。你來訪問，還做筆記，我高興。說出來我心裏好受一點，不說真窩囊。那天日本人進門，我「呼」的一聲站起來立正，日本兵上來摘掉我的破禮帽扔在地上：「你的媳婦有？」我搖搖頭。「金錶有？」我哪裏有？我又搖搖頭：「沒有。」

幾個日本兵一邊罵，一邊「叭叭」地打我嘴巴。走了一會兒，又來一伙，牽着狼狗，那狗會認人，見到中國人會咬，「呼」的一下撲到我身上來了，我連連後退，還是被咬住了脖子，疼得要命啊，日本兵哈哈地笑。日本人欺侮中國人，日本狗也欺侮我們中國人！

我家隔壁汪家的二姑娘，二十歲，瘦巴巴的，身材蠻標緻。也是那天下午，兩個鬼子堵住門，進去就扒掉她的褲子。她喊：「救命！」我沒有辦法救她，我被狼狗咬得動不了。鬼子在她肚子上踢了一腳，上去就幹壞事。日本人走後，她嗚嗚地哭，穿藍衣服、黑褲子、小沿口鞋。我娘勸她：「二閨女，不要再作聲了，有甚麼用呢？」

我們這邊有個劉大膽，是回民，大頭、黑臉、高鼻樑、尖下巴，兩肩膀很寬，三十歲左右，幫馬登高磨面的。他氣壞了，他說他也要去放火把日本人都燒死！

馬登高家就挨着政治大學，天剛黑，劉大膽翻過院牆就放起了

火，燒了！日本人抓不住他，他跑得快，路熟。日本兵急了，到處抓人去救火，誰去？抓了個收廢紙的徐寶弟，還有韓天成、高三、郝三四個人，喊去卻沒回來。我家是草棚子，頭天沒有燒掉。我娘叫我把破棉被搬到外面空地上，因為火快要燒過來了。我回到家，在籬笆牆的一個洞裏朝外看，火燒得很旺，月亮似亮不亮的樣子。快十一點，日本人嗷嗷叫，要殺人了！

劉大膽跑到我家看了看，說：「火是我放的！」就飛快地順着巷子朝後跑了。他前腳跑，日本兵後腳跟進來。幾個電筒往我臉上照，「嘩」地抽出刀，朝我頭上「啪」的一刀，血當時就噴出來！我想死也不死在你日本人面前，就捂着頭衝出門。外面還有個鬼子，一擋，王八蛋趕上來，在我背上刺了四刀，左耳下兩刀！我趴下了，不知道了，迷迷糊糊的，我不作聲，一作聲就沒命了！

那年我才二十五歲。西邊又抓來一個姓徐的，身體比我好，當印刷工的，頭靠着我的頭，仰天刺了五六刀，刺一刀喊一聲「俺娘啊」，這個老實人叫了五六聲不會叫了。

那天夜裏，路對過的老頭范永昌也被鬼子用刀砍死了。拖水車的白老五也死了，兩個兒子大的十一，小的八歲，趴在他身上，也是日本兵用刀挑死的，兒子父親三個死在一塊兒，撇下了一個女人！白老五對面一家姓王的，只有娘兒倆，兒子十八九歲，是瞎子，算命的。他母親跪着求饒：「先生，他是瞎子。」不管，殺了，老太太也一道殺了！

還有個吳三，收雞毛的，他藏在雞毛堆裏，一刀，從前心戳到後心！還有劉三，收舊貨換鵝毛的，三十多歲一個單身漢，被日本人砍了十一刀，死了！

123

劉大膽後來也抓到了，也是那天夜裏，收舊瓶子的回民王耀岳看到被抓住的，不知是刀劈死的還是火燒死的，反正是死了。還有一個差一點忘了，是賣粥的瘸子，二十多歲，喊他去救火，他腿不便，走不快。日本兵一刀從左肩膀砍下來，脖子砍掉一大半，死在路邊。舊貨店的人用門板蓋起來，有人來搬門，一看是瘸子，血糊糊的樣子！

我被砍倒後大約半個小時醒了，摸魚收舊貨的龔茂福幾個人把我抬到屋裏。我媽哭了，我家眷也哭了，她才十六歲。我說：「不要哭！」我在屋角落裏躺着，摸到了一根皮帶，往血淋淋的腰上一勒，披了一件在拜堂時穿過一次的燈芯絨棉襖，被送到鼓樓醫院，我娘一個個地磕頭，姓張的一個醫生把我抬到他的房間裏抹藥包紮，後來在難民區一個銅板買一碗稀飯，一天只買兩碗。我趴着躺了一個月傷才好。

那一夜殺了十八九個！

一九八六年九月二十日　天氣　晴

魏廷坤　男　七十三歲　南京市長白街五〇九號

（我去採訪時，他離開人間五個月了。客廳的粉牆上掛着他的遺像：方臉、濃眉、兩眼有神、高鼻樑、花白頭髮、英俊和善。他的老伴兒說：「他不大多說話，他血壓高，他喜歡聽收音機。」遺像下的方桌上，還放着他生前聽的熊貓牌小收音機。我在遺像前默哀，他望着我，好像有許多話要說。我摘錄了他生前留下的證言。）

當時我家住頭條巷十八號，日本人殺進城了，我們全家躲到成賢街一座沒有蓋好的樓房的地下室裏。這裏已經躲了三四十個人。有一個炸豆腐乾的中年人冒冒失失地到洞口去望望，正好被日本兵看見，一槍就打死了。過了一會兒，來了好些日本兵，用刺刀把地下室的人都

趕出去。我忽然發現牆邊有一個沒有封口的煙囪，我就鑽進去躲了起來。不一會兒，外面響起了槍聲，我父母和其他三四十個人都死了。

夜裏，我肚子餓，就鑽出煙囪來找東西吃，鑽到一個大的水管子裏，仍然聽到槍聲不斷。三天後，我趁天沒有亮鑽出水管，被日本兵看見了，趕到一個已經集中了好幾百個人的地方。後來有不少人用繩子綁起來押到漢中門去，聽說都殺死了。我被趕到難民區，聽人說難民區裏的年輕人也要來抓，我就逃走了。

一九八六年九月二十二日下午　天氣　晴

左潤德　男　六十六歲　南京市石榴新村一五九號

俺家來南京九十幾年了，老家在山東。家鄉口音改不了，一代傳一代！那時俺拾煤渣，父親拉人力車，苦人啊！俺那時跟老孫住不遠，就是上午你找的孫慶有。

你聽我說，冬月十二下午三點鐘，日本兵來拖俺，說俺是中國兵，趕到小王府巷，是磨坊馬二的院子，進小門，右手一拐就是，院子門口有個日本兵放哨，他沒有槍，手裏拿一把斧頭把門，押進去有七八個人，俺後面的一個回過頭去看了一眼，斧頭就砍了下來，不很重，後頸破口子淌血。進了院子叫俺們跪下，臉朝西，俺是北邊第一個，挨了斧的是第三個，他跪下就昏過去了。

有七八個日本兵，剛舉刀要殺，跪南邊的那個人不知怎麼地叫了起來：「有馬！」日本兵不知道怎麼回事，叫他起來帶去找馬。這人是趕馬車的，日本兵都跟他去了，只留下拿斧頭和拿槍的兩個日本人。拿槍的日本兵開始用刺刀捅了，從南邊開始的，還是拿斧頭的把門。第一個跪着的人「啊」地大喊一聲倒地了，俺想要死要活就這一下

125

了，就和右邊的官生志膀子碰了一碰，俺「呼」的一聲站起來，衝到門口，那個拿槍的日本兵不知怎麼回事，用槍攔了俺一下，跟在俺後面的官生志頭一低就鑽出去了，刺刀劃在俺的胸上，俺知道槍刺能拔下來，就抓住刺刀，日本兵往後一拉，自己坐在地上了。開始，拿斧頭的日本兵管着跪着的幾個人，後來他過來了，地上的人都站起來也想逃出去。俺趁那個日本兵倒下的時候衝出門了，他在後面開槍，第一槍沒中，打第二槍時俺拐了個彎，轉到另一條巷子裏了。那天下午小院裏殺死了四個，跑掉了三個。

夜裏，鬼子來放火，俺這一片都着火了，許多人出來救，被日本兵拖着往火堆裏扔，燒死了一百幾十個！錯不了，我數的。

歷史這樣記載（報刊剪輯）

美國《紐約時報》記者蒂爾曼·德丁一九三七年十二月十七日報道：

對日軍來說，佔領南京在軍事上政治上極為重要。但是，其勝利卻由於野蠻的殘暴行為，由於大批處決俘虜，由於在市內進行搶劫、強姦和屠殺平民，以及由於胡作非為的蔓延而不復存在了。這些行為必將玷污日本民族的聲譽。

一九八五年四月，美國新聞界「重訪中國代表團」成員、七十八歲的蒂爾曼·德丁在江蘇訪問時，語調深沉地回憶說：

「一九三七年十二月十三日南京淪陷時，我正在南京。當時南京並

沒有經過激烈戰鬥就淪陷了。日軍進城後，到處屠殺士兵和人民，滿街是屍體。街上還有很多受傷的士兵排着長隊，被日本兵押往屠殺的地方。我離開南京的那天，在長江邊等船，還看到日本兵把二三百個被俘的軍民，約五十人一批一批地逼令他們互相殘殺，而日軍卻站在一旁抽煙狂笑，真是慘無人道之極。我及時地把親眼目睹的這些慘狀，向《紐約時報》發了專電，詳盡地揭露了日軍南京大屠殺的罪行。但是，日軍佔領下的南京，是不允許向外揭露南京大屠殺真相的，我只好駕着汽車到上海去發電文，行走二十英里，被日軍攔住，後來只好從蕪湖輾轉到了武漢，才把電文發出。《紐約時報》用八欄版面，刊登在顯眼的位置，各國報紙爭相轉載，激起了全世界的震驚和憤慨。」

《新華日報》一九五一年二月二十三日：

《萬惡日寇罪行滔天　南京屠殺三十萬人》

殷長青：我是在下關做小買賣的，是「紅卍字會」的會員。一九三七年十二月十三日，日本人進城，到處殺人放火，外邊死屍很多。我帶着人到下關去埋，簡直看不見活人，我埋了一個多月的人。在江邊有一千多個中國人被掃射死了，燕子磯一帶有膀子掛在電線上的，腿丟在大路邊的。我們挖了好多房子大的坑，分別按男的女的埋下去，他們的手都被背綁着。埋了一個多月還埋不完，你看殺了多少人？

下關有三個崗是閻王關，老百姓過去就是死，有時要過路的人用頭頂住石頭跪在石頭上，各種刑罰真用盡了。日本憲兵隊抓了人，鐵棒打、灌自來水，真是慘無人道，我埋了一個多月，共計埋了四萬三千零七十一人，我們有詳細統計的。

127

日本《朝日新聞》一九八四年八月四日：

《又一本揭露「南京大屠殺」的日記在日本發現》

八月四日，在日本宮崎縣臼杵郡北鄉村一戶農家又發現了一個直接參與「南京大屠殺」的侵華日軍士兵的日記。這個士兵是侵華日軍都城二十三團的上等兵。他在一九三七年十二月十五日的日記中寫道：「近來，閒得無聊時，就拿殺中國人來取樂。把無辜的支那人抓來，或活埋，或推入火中再用木片打死，或採用殘酷手段加以殺害。」

《新華日報》一九五一年二月二十四日：

《永遠忘不了的仇恨》

碑亭巷張正安：一九三七年十二月，我八歲的那一年，我們全家九口除祖父因年老留在紙店中看門外，其餘都跟父親逃到難民區，八個人窩在一間四分之一的小房間裏，還有四分之三是另外三家住的。女人躲在天花板上。大家飽一頓飢一頓地過着非人的生活。日本鬼子在難民區也照樣殺人，幾十個幾百個地殺，被害的同胞有的無頭無腳，有的少手缺臂。女人赤裸裸地死在馬路上。

十二月二十九日中午，我永遠忘不了這一天，天很冷。我五歲的弟弟順安帶着兩歲的妹妹小霞在門口曬太陽。忽然響起了「噹、噹、噹」的鐘聲，這是告訴每一個難民，鬼子進難民區來了，院子的大門立即關上了。父親因為順安和小霞在外面沒有回來而坐立不安，但為了全院子三十多家人的生命安全，不能開門出去尋找他們回來，一會兒門外「叭、叭」兩聲槍響，接着一陣大哭，院子裏的人都恐懼地想，不知死神又降臨到誰的身上。

一會兒，日本兵走了，管門的老吳拉開沙喉嚨奔進來大喊：「張老闆，張老闆，不得了啦！你家順安跟小霞在對門學堂讓日本兵打死了！」

天花板上咚的一聲，母親一聽昏倒了。父親也瘋了似的直奔出去，我嚇得只是哭，一邊哭，一邊跟着父親跑。到了學堂門口一看，已經有人脫下衣服蓋在弟弟妹妹身上了。父親當時發呆了多時，最後只說了一句話：「這個仇甚麼時候報啊！」

不久，我們全家六個人回到家，一看，店已變成一片瓦礫了。對門牛肉店看門的劉伯伯對我們說：「你們走後半個多月，有一天來了四個日本兵，那天天冷，看到你們紙店容易着火，就要放火取暖。你們老先生（我的祖父）向他們求情，有一個鬼子一腳把老先生踢倒，拔出刺刀當胸一刀，可憐他老人家就這樣死了，你們的店就這樣燒起來了……」

我的祖父和弟弟妹妹就這樣死了，父親辛苦開的紙店就這樣被日本兵付之一炬！

日本《朝日新聞》一九八四年六月二十三日：
《南京大屠殺目擊者中山揭露日軍侵華暴行》
一九三七年十二月，南京陷落時，中山作為陸軍坦克部隊的上等兵，目睹了大屠殺的詳細狀況。他說：「我當時是機械兵，在修理坦克的沿途看到累累的屍體中，夾雜着許多無論如何也不會成為戰鬥人員的婦女和老人的屍首，這使我感到不可思議。」

《新華日報》一九五一年二月二十四日：
《不能再讓鬼子來砍殺》
我叫馮金德，南京淪陷的第二天，我在老家中華門外興隆鄉同我的弟弟、兒子、鄰居和幾千個鄉親一齊被日本鬼子綁到下關三汊河一帶做苦力，想起那時所受的苦來，日本鬼子真可恨哪！他不給吃不給

喝，哪怕是你替他抬的馬料你都吃不到，逼得我們只好到那些斷牆倒壁的大火堆裏去找些燒剩的米麵來活命。做起活來，從早到晚不准休息，慢一點就挨打，稍一不如他意，他就狠命一耳光把你打倒，跟着一腳把你踢下堤去，順手就是一槍。就這樣，我們的難友一天一天少下去，那個慘狀叫人不忍看，滾到河邊的、躺在路埂上的死屍，一眼望不到邊，鬼子的汽車就在死屍上開來開去。使我永世難忘的，就是除掉槍殺、刀戳之外，還把活生生的青年人放在火上燒。這樣過了十幾天，我再也忍不下去了，就打算找我的兄弟和孩子逃跑，可是怎麼也找不着他們，後來知道他們也遭了毒手。這時我憤怒極了，總想拼命幹掉幾個鬼子，發泄心頭之恨，可是手無寸鐵，身體也被拳打腳踢得不成樣子，一點力氣也沒有。我酸着鼻子把眼淚往肚裏嚥，咬着牙捏着拳頭，我想：我不死，我要記住這個仇，等着有一天把這些兇手的罪惡告訴天下人！這天晚上我就拼死從虎口裏跑了出來。

這就是歷史，血寫的歷史。幾十年過去了，受害者、加害者、目擊者的聲音，都錄進了歷史的回音壁，它將久久地播放。

七家灣的七戶人家

這是在南京市交通圖上只有半厘米長的東西走向的一條小巷。這條小巷中低矮的平房、狹窄的路面和埋電線杆的位置基本保留着老南京的舊時模樣。這條小巷中的幾十戶人家也大多是百十年朝夕相處

的鄰居。小巷中的鄰居們大都保存着淳樸而特殊的西域式的回民生活習俗。

胖胖的笑瞇瞇的七家灣居民委員會的馬主任就是一位回族老大娘，她戴着老花鏡坐在石庫門的居委會辦公室中忙着統計居民人口。石庫門對面是一家飄着紅燒牛肉香味的「清真園小吃部」。我在小吃部裏坐了一會兒，店裏的師傅告訴我，住在城南這條巷子中的人，在舊社會大多是殺鵝宰牛、撿廢收舊的窮人。

這條巷名的來歷本身就是一個悲劇。《南京市地名錄》記載着一段關於七家灣巷名溯源的帶血的故事。相傳要飯為生的朱元璋當了明朝的開國皇帝以後，對與他共過患難的大腳皇后馬娘娘仍然一往情深。元宵佳節，隨從簇擁着他和馬娘娘出宮遊玩。在從大王府巷往甘雨巷的途中，忽見一戶人家的門上貼了一幅年畫，畫上是一個不纏足的大腳女人懷裏抱着個花花斑斑的大西瓜。朱元璋氣壞了，他生了疑心：大腳是指馬娘娘，懷中那個花斑大西瓜不就是自己那張大麻臉嗎？朱元璋大喝一聲，下令斬滿門滅九族，從此，熱熱鬧鬧的一條巷子僅存下七戶人家！

今天，七家灣已繁衍到有七十六塊門牌了。七家灣的大事中老是離不開「七」，一九八四年普查「南京大屠殺」的倖存者和受害者時，七家灣居民委員會填報了十七張登記表，兩年多後我來這裏採訪時，當事人只剩下了七個！

七家灣的七戶人家啊，每一個老人的口中，訴說的是十家八家的血淚。每一戶人家的悲哀，折射出整個中華民族的苦難！

我叩開了他們記憶的門。

（一）這是位胖胖的壯漢子，圓臉，花白的頭髮，六十六歲，住七家灣三十二號，小屋裏只有一張小牀、兩把木椅和一張方桌，桌上點着三炷香。他是南京市五金三廠的退休工人，叫袁昌華——

我當時住難民區大方巷十號，七家灣那時有一百多戶人家，大部分都住在大方巷十號，那是個大院，屋很多，現在還在，你可以去看看。我們住多長時間？我家在這裏住了六代人！你不問這個？問難民區，在難民區住了四個多月。那時我十七歲，挑擔做小生意，上午賣糯米飯，下午賣糖芋苗。我記得最兇的是冬月十四那天上午，十點鐘左右，進來十幾個日本人，毛鬍子，都有槍，嚇人啊！那天下大雪，我一看不好，就跑到三樓頂上的曬台上躲起來，我們有十幾個小伙子都躲在頂上，日本人怕滑不敢上來，他們穿馬靴，底下是鐵釘，滑一跤要命！一個皮匠倒霉，被抓去殺了。我的叔叔楊文才也是那天被抓走的，也死了。我祖母見小兒子被抓去了，東找西找找不到，急死了。

那天抓去不少，被殺的人很多，有三四十個，姓曾的，姓薛的，姓沙的，姓夏的，姓季的，姓李的，姓楊的，多哩！

（二）這是個清瘦的老太太，穿一件卡其藍布衫，花白的短髮，人很精神，她六十三歲，住七家灣三十二號，叫夏春英——

我家那時也躲在大方巷十號。我伯伯夏松波沒有去，和姓沙的老夫妻兩個守在鴨子店裏，日本人進來要花姑娘，刺刀對着伯伯的胸口，我伯伯嚇得直發抖，日本人哈哈大笑。

伯伯沒死，我大哥死了，就是冬月十四那天。我嫂子躲在金陵女子大學裏，穿大褂，戴禮帽，臉上抹灰裝男人。小姪女跟着我媽和我哥的丈母娘。大哥叫夏春海，那年三十歲。甚麼模樣？中等個，臉長

長的，一臉都是蝴蝶斑，他是漢中門外宰牛的。快到中午的時候，日本人進來，看到年輕的男人兩個一雙捆住就押出去。還有前面牛首巷姓李的一個阿訇，才二十出頭，剛剛新婚，和我們住一個房間，矮矮胖胖的，也押出去了，與我哥一起捆去的，押着往下關的江邊走。我媽和我哥的丈母娘背着姪女兒追着喊着叫兒子，日本兵用槍搗我媽，哭死也不睬。可憐我哥後來死在江邊，那年嫂子才二十三歲。

說起來傷心，每年到冬月十四，我媽就哭着想兒子，哭了幾十年。她活了八十六歲，剛死。

（三）這裏是七家灣六十號，他坐着小凳子剝毛豆，嘴裏叼着香煙，邊抽邊咳嗽。他六十二歲，在江蘇省話劇團搞舞台美術設計，花白的中分頭，長方臉上戴着一副黑框的老花鏡，這是伍貽才——

我是老巴子（南京方言，排行最小的孩子），那年才十二歲。我的三個哥哥和母親去難民區了，我和六十多歲的父親看家。日本兵常進來要花姑娘，要香煙，我害怕，過了三四天也躲到難民區了。

隔了四五天，鄰居沙老頭兒來告訴我媽：「老頭兒給日本人刺死了。」我們回家一看，老父親穿着黑袍子仰天躺在巷子口，棉袍上一塊塊血都硬得梆梆響了，前胸刺了四刀！鄰居說，那天鬼子吃了酒，找父親要花姑娘。父親聽不懂，不知道怎麼回事，幾個日本兵就把他拖到巷子裏，一刀刀地戳他。我們四個兒子把他抬到五台山，從塘裏抬來水洗淨了他身上的血，用白被單包着埋了，大哥找了塊木板插在上面，用毛筆寫的字：先父伍必成之墓。

唉，五十年了。

（四）她六十五歲，也住七家灣六十號。花白的頭髮梳洗得很光亮，淺灰色的大襟上衣也很平整，白皙的臉上有幾點出天花時留下的疤痕。她很健談，說話像連發的衝鋒槍，她叫蘭桂芳——

那年我十七歲，二十二天時間我家死了三代四口人，我外公被鬼子放火燒死，姐姐蘭桂英坐月子嚇死，小外孫沒奶吃餓死，老公公見媳婦、孫子死了，也急死了。

我在五台山難民區看到日本兵刺刀尖上挑着小孩還哈哈笑。我們後面一家姓馬的賣鹽水鴨的沒有走，女人躲在柴火背後，日本兵看見搖籃裏躺着個小孩，逼老太要小孩的媽媽。老太說：「小孩媽媽死了！」日本兵抓起幾個月的小孩扔進水缸裏淹死了。馬家的小叔子和姪子也是給日本兵用槍打死的。

日本投降後，叫日本兵挖秦淮河。這時我不怕他們了，我常去看。休息時有人罵他們，恨他們。有的日本兵說：「我不殺人，我也有父母孩子。」有一個日本兵哭了：「我是被抓來的，我也是人，我沒有殺中國人。」誰知道他們說的是真是假，我不信！

（五）灰衣黑褲，滿臉皺紋，細眉毛下的眼珠子呈灰藍色，花白頭髮燙成微微的波浪形，鼻樑不很挺，耳墜上金光閃閃。她六十八歲，叫陳玉蘭，住七家灣五十一號——

日本人來時，我女兒紅珠生下才四十天，住在上海路難民區。紅珠爸爸是第二第三天抓去的。叫甚麼名字？叫周漢成。這個死鬼不聽我話。大院子裏有幾十個人在曬太陽，我叫他：「周漢成，進來，外面在抓人！」他說：「怕甚麼，我們是好人！」話剛說完，兩個日本兵進來了，皮靴咔咔響。日本兵用手指着，一個一個地拖出來，又

一個一個地用麻繩扣在脖子上，院子裏抓了七八個。我在門縫裏看到的。出去？我哪敢出去？出去也給我一刀。這死鬼進來過一次，穿了件羊皮袍子又出去曬太陽了，進來不出去就沒事了嘛，也是該死！他拖出去時連禮帽也沒有戴。啥樣子？中等個，瘦長臉，那年二十三歲，是印信封的。啥時候？中午，還沒有吃中飯。

抓去的人都沒有消息，聽說都在下關一起掃了！他死了，我苦了，拖着個娃兒餬日子，倒不完的苦水啊！

死的何止我家一個，我弟弟小狗子到娃娃橋去找我媽，被抓去音訊全無。那時電線杆上吊着死人，有跪着的、倒下的、五花大綁的，各式各樣不得了。以前我連樹葉子掉下來都怕。見鬼子我個個恨！姦盜殺搶，都有他們的份兒！

（六）花白頭髮和花白鬍子的汪昌海手裏拿着一把雪亮的刀，白衣服上血跡斑斑，他正在割牛肉。他的膚色和鮮牛肉差不多，健康的紫紅色。他六十四歲，在小吃部當廚師——

進難民區兩個禮拜了，日本兵把我兩個哥哥和一個姐夫喊去當伙計，中午回來，他們很累。我和外甥拿兩個銀角子去打酒，走到中國國貨公司（現在勝利電影院對面），來了五個日本兵，沒頭沒腦朝我們刺來，酒瓶打碎了，我倒地了，一摸嘴上都是血，牙齒掉了半個，嘴唇刺通了，日本兵笑着走了。

後來嘴唇爛了，流臭水，吃飯喝水都往外淌。有一天我在路上撿了一盒潤面油，塗塗好了。但不能笑，一笑，就又繃開了，過了半年才好。五十年了，喏，你看，現在還有疤。

（七）一雙小腳，一頭白髮，滿臉的皺紋，眼眶紅腫，淡藍的對襟布衫外面罩一件黑毛背心。她叫趙溫氏，八十五歲，住七家灣四號——

我三歲搬來，在這裏住了八十二年。七家灣給日本人殺死不少，草橋清真寺裏有七八個，難民區大方巷十號抓去一百八十六個，七家灣的有三四十。怎麼知道的？我一個一個地數，記在心裏的。賣牛肉的姓季、姓夏的都是被抓去的。還有一個姓金的，當時騙去的，說出去做工，會回來的。我老頭趙文亮也被抓去了，那年四十六歲。他被抓了三次，放了三次，第四次，抓走就沒有回來，幹啥的？扇子上畫畫的。

我們那個房間裏住三十一個人，七戶人家，大地舖。有個姓沙的人聰明，日本兵來了，他鑽到一個麻包裏，姓李的一個麻子一屁股坐在麻包上，所以沒有被抓走。一個騎馬的日本兵在我身上搜，搜去了十幾個銀角子，嚇得我半死。

你說我記性好？恨！當然記得！居委會開會，老頭兒老太一起回憶，都哭。

我離開了七家灣，我懷念着七家灣。那一張張飽經憂患的臉時時在我眼前。老人們訴說的這一切，年輕人是沒有聽說過的。我挨家挨戶採訪的時候，好幾個中學生跟着我，他們感到新奇，他們感到震驚。

這是一條小巷，這是一個世界。

第七章　焚毀與洗劫

經過血洗的南京城，又經歷了大火和翻箱倒櫃的搜刮。

這是一九三七年十二月十五日南京中山路上的一個鏡頭。

馬路對面的人行道上，三三兩兩地站着、蹲着或坐着悠閒休息的日軍。他們的身邊，是一捆捆、一包包洗劫來的物品。畫面中間，停着一輛馬車。車上的物資太重了，馬鞍上的綁帶緊緊勒着馬背和馬肚。那兩匹馬大概也感到運輸搶劫來的東西是不光彩的，牠們耷拉着頭。

右側有一輛卡車。車上站着七個日軍，不知是已經卸下了搶掠來的物資準備暫時收兵，還是準備再次出發去進行新的掠奪。最生動的是畫面前景的四個日軍了。一個戴鋼盔的日本兵騎着一輛不知是哪裏搶來的自行車，車架上夾着一大包不知甚麼東西。由於很重，輪胎氣又不足，他弓着身子用力蹬着。和他並行的一個日軍將鋼盔撂在背上的一個白色大包袱上，右肩斜挎着步槍。日軍用卡車、騾馬車、自行車，甚至中國的兒童車來裝載劫得的財物。大包袱中不知搶了甚麼好東西。他很累，彎着腰，但似乎很興奮。另外兩個日軍合作得很好，前面的一個笑嘻嘻地用右手抓着背上的一大袋東西，左手拉着一根繩子，繩子繫在一輛童車上。後面的一個日軍也背着一個大包袱，他用右手推着童車。童車太低，他只得彎着腰推着。四個小輪子承受不了車上重載的物品，輪子歪斜着，極不願意地在柏油馬路上咔啦咔啦地滾動。中國的兒童太可憐了，連童車也被侵略者用作搶劫的工具。也許，坐過這輛童車的嬰兒，已和他的父母一起倒在血泊中了。

童車前面還有一輛自行車，我們在照片上只見到後面的一個輪子。他們朝着同一個方向前進。

這只是照相機鏡頭能攝入的一角。這是日軍的記者們自己拍攝的精彩而生動的實錄。

日軍用卡車、騾馬車、自行車，甚至中國的兒童車來裝載劫得的財物

在沒有被鏡頭攝入的下關碼頭上，那裏堆積着山一樣的物品。每天，大批卡車尖叫着滿載各種東西運到這裏，物品上拴着布條子或貼着一張張白紙，寫着日本國的收件人姓名和搶掠者的名字。

血水和泥水混合的江面上，停泊着好幾艘飄着太陽旗的軍艦和商船。黑洞洞的船艙像一張張嘴，吞食着日軍用童車、馬車、卡車、自行車和肩背裝載來的大箱小包搶掠成果，還有機器、沙發和大批大批的紅木家具。一船船的財富是一船船血液，它給瘋子和狂人注入了充沛的精力和活力。

南京太繁華了。勝利了的日軍佔領了一切，一切都是他們的戰利品。新街口、太平路、中華路、建康路是南京的鬧市，自然也是聚寶積財的地方。店門都關上了。金字招牌和名人匾額仍然高懸着，「大減

價」的藍布旗子還在孤零零地飄蕩。店主人不知躲到哪裏去了，能帶走的洋錢和帳本有的被帶走了，帶不走的貨物都在櫃台裏，都在倉庫裏。

每天，幾十輛卡車呼嘯着在這些街道上飛馳。車上拉着從各公司和店中搶來的貨物，車在店門口一停，日本兵一陣敲打，店門砸開了。士兵們蜂擁而入，長官在指揮。不管甚麼貨物，棉布、白糖、食鹽、糕餅、大米、衣服、日用百貨、古玩玉器，統統席捲一空！

潘伯奎老闆倒了大霉，他和別人合作經營的仁德印刷所，被日本隨軍的所謂「新報社」的人搶劫一空。好幾台轉盤印刷機，還有鉛字、鉛料、紙張，一共裝了十七卡車！

罵駕橋六號的鄧志陸比潘老闆還倒霉。那天，日本兵用槍托砸開門後，把刺刀舉到他的老母親面前：「金子的有？花姑娘的有？」

白髮蒼蒼的老太太嚇得瑟瑟發抖，她説不出話。一個滿臉鬍子的日本兵一把揪住鄧志陸兒子的衣襟：

「你的，中國兵！」

不管鄧志陸如何解釋，日軍拖着他就要走。兒子叫喊着：「爸爸！奶奶！」

白髮老奶奶跪在地上，一手抓住日軍的褲腳，一手哆嗦着從懷裏摸出四隻金戒指和兩副金鐲子。

日本兵笑了。他們又惡狠狠地晃了晃寒光閃閃的刺刀。為了兒子的性命，鄧志陸從櫃子的抽屜中又捧出了三百塊銀圓和九千元鈔票。要到的東西都塞進了腰包，一個日軍端起槍，「叭！叭！」兩聲，鄧志陸的白髮母親和兒子都倒下了。日本兵狂笑着走了，鄧志陸悲傷地搖晃着他的母親和兒子，坐在地板上久久地哭泣着。

搶劫從日軍一進城就開始了。黑沉沉的夜幕下，二十多個日軍

闖進了金陵大學醫院的護士宿舍。穿白色護士服的小姐們嚇壞了。貧窮的護士們沒有貴重物品，但日軍甚麼都要：六支自來水筆、四隻手錶、兩個手電筒、兩副手套、兩捆繃帶、一件毛線衫，還有一百八十元鈔票。

自來水筆和鈔票是馬上可以用的。中國女性的手套和一件色彩豔麗的毛衣，看來要穿到日本婦女身上去了。掠奪來的東西沒有一樣是可以炫耀的。《遠東國際軍事法庭判決書》上說：日軍搶到手的東西，都可以取得日軍司令部的許可，發給證明文件，寄往國內。

這大大刺激了日軍四處搶掠的慾望。隨着搶劫的不斷進展，日軍的掠奪手段也越來越卑鄙。除了搜身、撬地板，發展到剝下好的皮袍呢衣，後來發展到檢查居民家的馬桶。因為有些聰明的主人見金銀財寶無處藏匿，就丟在馬桶中。日軍不知怎麼得知了這個情報，進屋搜索時，就把馬桶往牀上一倒，叫你哭笑不得！

從老百姓的每一戶住宅到森嚴的總統府都是日本人的天下。《讀賣新聞》報送稿件的兩個日本聯絡員武田和畦崎進入了蔣介石的寢室。他們玩了一通，又在牀上打了幾個滾。武田從牀下拿了一雙繡鞋，他說：「這是宋美齡穿過的，我要留作紀念。」

畦崎從口袋裏摸出印有「蔣宋美齡」字樣的名片：「我也有，這是她放在抽屜中的。」

一九八六年八月十七日，日本《赤旗報》刊登了一篇《日本侵略軍進行的南京「文化大屠殺」》的文章，住在日本東京國分寺市的七十七歲老人青木實以當事人的身份，披露了鮮為人知的內幕，這是又一幅搶掠的長卷。

日軍特務部的九個工作人員接到了日軍上海派遣軍特務部長「立

即檢查南京市內的重要圖書，準備接收」的命令，他們乘坐三輛汽車在南京市內四處奔波。

九個工作人員檢查了可能有重要書籍和文獻的地方共七十處，其中有外交部國民政府文官處、省立國學圖書館和中央研究院。聽說松井石根在蘇州得到了一張南京古物字畫的一覽表，他要求日軍按圖搜索，一樣不剩。城南的盧冀野、陶秀夫、石雲軒等人的私人藏書是相當豐富的。僅石壩街老中醫石雲軒就被日軍搶去名貴書籍四大箱，字畫和古玩文物兩千多件。

日軍花費一個月時間，動員了軍隊，以「接收」的名義進行掠奪。他們將搜集來的散亂圖書裝上卡車，每天搬入十幾卡車。在調查所主樓一、二、三層的樓房中，堆起了兩百多座書山。

位於紫金山附近的珠江路地質調查所是一座石砌的三層大樓，在日軍搶掠時期，每個房間裏堆放的圖書都快到天花板了。據說當時有圖書七十萬冊，他們對這許多圖書雜誌進行整理和分類。他們根據十進制的圖書分類法，用粉筆在書的封面上寫上〇〇〇，三〇〇等，然後由僱用的苦力搬到指定的地方。好不容易在兩個月後整理和分類完畢。

參與「文化大屠殺」的人員有特工三百三十人，士兵三百六十七人，苦力八百三十人，動用卡車三百一十輛次。

掠奪到的是甚麼圖書呢？青木實的上司說：「中國政府的中央和地方的公報種類繁多，而且非常齊全，一直到事變之前的公報都在。全國經濟調查委員會的刊物中，最近對中國經濟產業的調查和事業計劃書佔了大部分，非常珍貴。珍貴書籍中還有三千多冊《清朝歷代皇帝實錄》。」

整理完畢，才知道掠奪到的圖書共有八十八萬冊。當時日本最大

的東京上野帝國圖書館的藏書是八十五萬冊，大阪府立圖書館的藏書是二十五萬冊。日本侵略軍掠奪的規模是驚人的。他們搶走了中國一切珍貴的東西，物質的、精神的……

十二月十九日——松井石根到南京參加「忠靈祭」的第二天。午後的陽光照着死寂的古城，在幾名參謀人員的陪同下，華中方面派遣軍司令官松井石根來到城西的清涼山。北風呼叫，枯枝颯颯，他一步一步地踏着石階。石階上黃葉片片、血跡斑斑。掃葉樓內塵封蛛網，空無一人。

登上這座兩百多米高的石頭山，南京全城歷歷在目。腳下的秦淮河像一泓死水，用望遠鏡一看，河面和岸邊密密麻麻，有許多屍體。他把目光移到城南、城東和城北，那鱗次櫛比、高低錯落的街巷間，升騰起一處處滾滾的黑煙，有三處火光熊熊！

十二月二十日上午，松井出挹江門來到下關。這裏斷牆殘垣，煙火焦土。民房、民船及碼頭大都燒毀了，江邊及街頭躺着許許多多屍體。松井石根用右手在鼻子下搖了幾下，淡淡地說：

「狼藉不堪，屍橫遍野。」

這天夜裏，南京全城有十四處沖天大火！

松井石根在《陣中日誌》中這樣寫着：

攻佔南京之戰開始之際，為嚴肅我軍軍紀風紀，余曾再三促各部隊注意。不料，我軍入南京城後，竟發生不少強姦及搶劫事件，以致敗壞皇軍威德。

軍隊無知、粗暴，實感愕然。

松井把士兵野蠻說成「無知」，把殘暴說成是「粗暴」。

無知的士兵不是甚麼事都無知的。他們明白，屠殺和搶劫後的狼藉只有火才能滅跡。於是，南京遭到了焚燒和毀滅。太平路和中華路是石頭城中最繁華的兩條南北長街，猶如北京的大柵欄和天橋，猶如上海的南京路和城隍廟。這裏曾經車馬如雲，行人似水。國貨公司、中央商場、銀行、糧行、戲院、茶食店、雜貨店、水果店、炒貨店、綢緞莊、茶館、酒樓、飯店、旅館，密密麻麻地一家挨着一家。店家的吆喝聲、顧客的歡笑聲、馬車的銅鈴聲以及飯店小吃店裏油鍋吱吱啦啦炒、燴、炸、燉的做菜聲和揚聲機裏悠揚的歌聲、笑聲匯合成都市的交響曲。五光十色的電燈泡和多彩多姿的霓虹燈以及店門和店門前色彩繽紛的影劇海報，把六朝古都打扮得像一個令人眼花繚亂的萬花筒。

　　這一切都見不到了。自從太陽旗升到總統府的門樓上，一泓淮水依然綠，兩岸燒痕不斷紅。大行宮到夫子廟燒了一大半。站在內橋上，焦土瓦礫一直延伸到十里外的中華門，連美國人高高的尖頂教堂，堅固似鐵的銀行、銀樓，南京最大的瑞豐和綢緞莊，統統化為灰燼。

　　一位名叫沙溯因的公務人員，躲避在難民區裏，和太平路一家店老闆同住一室。一天午飯後，看守這家店的一個老伙計踉踉蹌蹌地跑來報告：

　　今天午飯後，我正在店堂間裏坐着，忽然門被打得非常急。我本想不開，可是店裏沒有後門，我又溜不了，恐怕被他們衝進來，更不得了，只得趕緊去把門打開。五個鬼子兵說說笑笑走進來，有一個會說中國話：

　　「喂，老頭，這裏有甚麼人？甚麼東西？」

我據實告訴他：「這是一間空店，甚麼貨物也沒有，只有我一個人。」

那人又問：「爐子有沒有？煤有沒有？」

我說沒有。「只在廚房裏有一個土灶和柴。」那個人和其他幾個說了幾句日本話，叫我去把柴搬來。

邊說，那個鬼子兵邊用腳踢我。我搬來柴後，那些鬼子兵就從身上掏出洋火，點着了柴。有一個矮個兒日本兵跑到我睡的房裏，把我的一牀鋪蓋抱出來扔進了柴火堆！火勢旺了，那五個鬼子在火四周轉着，嘴裏不知在講甚麼。柴快燒完了，他們又加上板凳、小桌子。我眼看火苗已快到天花板，心裏焦急萬分，想去撲滅，卻又辦不到。我向那個會說中國話的日本兵說：「要燒着房子了！」

他對我狠狠地瞪了一眼，大吼了一聲，舉起槍桿朝我的背一下打來，又踢了我幾腳，我被他踢倒在街上。

冷風一吹，我醒了過來。我只得在外面等他們出來，快快出來房子也許還有救。過了一會兒，那五個鬼子從門口出來了。他們剛走，我就進去，才知火苗已從門口向外直冒，一會兒烈焰騰騰，我們的店就這樣被他們烤火烤掉了！

這是日軍零星焚燒中的普通一例。日軍大規模地有計劃地放火又是另一種景象了：三五成羣的日本兵先用粉筆在準備燒毀的房子門上畫一個白圓圈，然後將白色的化學液體傾倒在門窗上，一點上火，房屋立即燃燒。北風一吹，煙焰沖天。

南京的大火燒了三十九天！有天夜裏，融通法師在城隍廟的院子中數了一下，全城大火十七處，火光映紅了半邊天！麻子和阿訇對他

説：「那時我躲在鼓樓二條巷，日本人把一家房子燒了，把這家人殺了往火裏扔，連一個過路女子也遭了災，女人手裏抱着一個小孩，背上還背着一個，大人小孩三個都被扔進火裏活活燒死了！」

教導總隊的營長郭岐趴在意大利領事館的窗口，望着四面八方的濃煙紅焰，心如火焚。身為守軍營長，卻無力保衞民眾。在自己的國土上東躲西藏，寄人籬下！大火日夜不息。桌子上、地板上、馬路上，連鼻孔裏面，都是黑乎乎的煙煤和灰塵！他和同住的人在樓頂上望着古城的煙火，人人搖頭歎氣：

「這是金陵大學？」

「是的，那邊是中央商場在着火！」

「哎呀！交通部也着起來了，這是三百萬塊銀洋造的啊！」

「大華，大華戲院也完了！」

「唉……」

金陵大學美籍教授、社會學家路易斯·史密斯在《南京戰禍寫真》的調查報告中指出：

搶劫大體上涉及城裏百分之七十三的房屋，城北區被搶劫的房屋多達百分之九十六。

房屋總數的百分之八十九由於各種原因被破壞了。白下路、中華路、建康路和太平路的損失中有百分之九十八是由縱火造成的！

南京市民每一家平均損失為八百三十八元，總損失達兩億四千六百萬元！

這是不完全的統計。

精確的數字是難以統計的。

第八章　秦淮殘月

據南京安全區國際委員會委員、金陵大學美籍社會學教授路易斯·史密斯一九三八年三月調查：因為戰禍，南京居民中的「不完全型家庭」（少男、缺女或孤兒）約佔百分之七十。

請記住……

月黑風緊，秦淮河日夜嗚咽。武定門內形似虎頭的亂石堆邊的一座十三口人的大院子，一九三七年十二月十三日夜裏，突然無聲無息了！

新路口五號——一個大門內前後兩個院子，兩進平房，兩戶人家，房東姓哈，夫妻倆和兩個孩子，是回民。另一戶姓夏，三代同堂，男女老少九口人。

陰森森的寒風嗚嗚地吹着窗戶上的破紙。陰沉沉的月光下，前院後院的地下和桌上，躺着十一個血跡斑斑的大人和孩子！

房東家四口人全死了。賣牛肉的男人倒在家門口。他的高高胖胖的妻子和兩個小孩都血淋淋地躺在桌子下！

快燒中飯的時候，外面死命地敲門。瘦高個子的夏庭恩剛拉開門閂，擁進來一羣像黃蜂一樣的日本兵。一句話也沒有問，叭的一槍，替人抄寫文書為生的夏庭恩倒下了，鬼子們衝進屋裏，大發獸性。

八歲的女兒夏淑琴醒來的時候，已是太陽偏西。她依稀記得，上午屋外槍炮響得厲害，爸爸、媽媽叫大姐、二姐、四歲的妹妹和她四個小孩都躲進牀上的被子裏。有人敲門，踢門，爸爸出去了，響了一槍，他再也沒有回來。進來了好多日本兵，有槍有刀，黑黑的毛臉

鬍子，臉上很兇。一道白光閃過，一個日本兵用刺刀挑開了蚊帳，他哈哈一笑，把大姐和二姐從牀上拖出去了。夏淑琴記得，當時她嚇哭了，一個日本兵的刺刀捅過來，她甚麼都不知道了。

她醒了，覺得身上很疼，用手摸了摸，左肩、左腰和背脊上都是血，有三個刺刀刺的孔。

怎麼？沒有人了？家裏人到哪裏去了呢？她忍着疼從牀裏邊爬出來。啊！二姐光着身子在牀邊躺着，大腿和小肚子上全是血！十二歲的二姐緊閉着雙眼，晃她，叫她，她都不會動了。

夏淑琴下了牀。桌子上躺着一個人！長髮蓬亂，兩條雪白的腿無力地垂掛着。是大姐！大姐十六歲，高個子，長圓臉，白白淨淨的。她已許了婆家，媽媽捨不得她走，說：「還小哩！」

大姐上身還穿着那件藍布白邊的褂子，褲子沒有了！啊，血！

外公外婆呢？「外公！」「外婆！」沒有回音。

兩個老人也倒在地下。她爬過去。外公臉朝下趴着，棉袍的背上一大片圓圓的血印。外婆仰天躺着，臉上血肉模糊。

她找媽媽。媽媽在堂屋的桌子邊躺着，身上全是血！吃奶的小妹妹摔死在院子裏。

「媽媽！媽媽！」誰在哭？她爬到裏屋，四歲的妹妹在喊媽媽。她一點傷也沒有，裹着被子靠在牀的最裏面。

八歲的姐姐和四歲的妹妹把牀上的被子抱到堂屋的磚頭地上，蓋在媽媽的身上。媽媽沒有衣服了，媽媽要冷的。姐妹倆在媽媽的身邊哭着喊着，她們睡着了。

天亮了，她們餓了。她們一把一把地吃着媽媽活着的時候為防日本飛機扔炸彈而炒好的炒米。八歲的姐姐拖來木凳子墊腳，用勺子在水缸

149

裏舀出一瓢瓢冷水，先給妹妹喝。

八歲的姐姐和四歲的妹妹在媽媽的屍體邊哭了半個月。

八歲的姐姐和四歲的妹妹在媽媽的屍體邊睡了半個月。

請記住：

一九三七年十二月十三日，南京市武定門老虎頭新路口五號，兩個歡樂、團圓、和平的家庭毀滅了！

日本侵略者毀滅了千千萬萬個這樣的家庭。

心的對話

失去了兒女的楊余氏（中國南京）：

日本兵打南京時，我有七個孩子，大的十歲，小的還不滿周歲。當時，我自己養六個，三男三女。還有一個女兒寄養在偉子街的弟弟家。

日本兵進了城，我從家裏帶着六個孩子，還有鄰居家一個十五歲的女孩子，一起躲進了離家不遠的一個防空洞。

哪裏曉得躲不住，給日本兵看見了。他們先用機槍朝洞裏面掃，後來又對準防空洞火燒煙熏。等日本兵走後才發現，可憐我的六個孩子，以及鄰居家的女孩子，統統被殺害了，只剩下我孤零零的一個人活着跑出來。

我又急又怕，慌忙抱了一條被子，連夜跑到偉子街我弟弟家裏。後來寄養在弟弟家的那個女兒也病死了，可憐啊，我七個孩子一個都不剩！如今老了身邊沒有一個人！苦啊！

日本分縣人鈴木智子：

南京大屠殺是多麼悲慘啊！我的祖父也在南京、上海打過仗，他經常給我講那時的情景，他好像也殺害過幾個中國人，還講那時戰爭就是以戰鬥為樂趣的。

作為人，接受了強制的教育，就失去了自己的人性嗎？常聽見他們說這是為了國家、為了祖國，等等。我想，那也不能輕視人的生命。

我不僅為我們祖先的所作所為感到恥辱，而且要承認這些事實，認真地自我反省，並且把這些事實告訴給我們的子孫。我不僅要祈禱世界和平，而且要自覺地為世界和平盡力。

失去了丈夫的鄧明霞（中國南京）：

我本來姓劉，我丈夫鄧榮貴被日本兵打死了，公公婆婆沒有孩子，我就姓了鄧，生是鄧家人，死是鄧家鬼，我為鄧家守寡，守了五十年！

不瞞你說，我命苦啊！我男人死時我才二十一歲，女兒小華還不到一歲，今年她五十了，我吃了五十年的苦啊！

榮貴甚麼樣子？哦，我女兒像他，高高的，黑黑的，臉長長的，雙眼皮。他剃平頂頭，是在船上燒火的，平常穿短褂，進難民區時穿我哥的一件皮袍子，外面罩着黑大褂，腳穿布棉鞋，頭戴灰禮帽。我的男人嘛，我怎麼會忘記，一生一世都記得！

那天是冬月十四，我們躲在山西路難民區，就是現在軍人俱樂部裏面。一早，我媽燒了一桶湯飯，正要吃，大批日本兵到了，把鐵柵欄門一關，大聲喊：「都出來！都出來！」

出來後，有個像漢奸的人叫：「男的女的分開站！」

榮貴手裏抱着小華，他不肯離開我們母女兩個，但日本兵拿着

151

刺刀和大木棍在趕，他只好把孩子交給我。這時，三挺機槍堵着大鐵門，日本兵在男人堆裏挑出二三十歲的人另外站隊，先看頭上有沒有帽印子，再看手上有沒有老繭，年紀老的不抓，太小的也不抓，站出了好幾百人，可憐我榮貴那年三十五歲，他是最後一個拉過去的，他不肯去，是用槍打着走的。有一個老太跪在地上哭着求情：「老爺，老爺，我三個兒子留一個給我！」日本人端起就是一槍，老太倒在地上了！我嚇得動都不敢動。

過了一會兒，大門旁開了個小邊門，拉出來的幾百個男人被槍趕着押走了。榮貴看着我，我叫他喊他。出鐵門時，他還回過頭來叫了我一聲，我手裏抱着小華，哭着叫着，一直到他的那頂灰色的禮帽看不見為止。

這是上午十點鐘的樣子，難民區裏父親哭兒子，妻子哭丈夫，小孩哭爸爸，一片淒涼！一個漢奸模樣的人說：「不要哭，抓夫去了，到城門口抬死屍，過幾天就會回來的！」

這一說哭聲小了一些，可是到了晚上有人來說：「拖出去的人都用繩子拴着，在大方巷的水塘裏用機槍掃死了！」這一講又使很多人傷心得大哭起來。日本人的皮靴響了，我們連忙捂住嘴，不敢哭，眼淚往肚子裏流。

我不死心，我總盼望榮貴是抓夫去的，他總會回來的。可天天盼月月盼，他沒有回來。他死了，連個墳都沒有。說出來不怕你笑話，我給他留了套衣服，想買個棺材，招魂入墓留個墳。衣服是白斜紋襯衣、中山裝、西裝褲。可回到堂子街的家裏，房子全燒了。

我們孤兒寡母可苦了，為了活命，我抱着小孩紡紗，一天掙兩三角錢。後來沒得紡了，我就拾柴火、挖野菜，去當傭人，給人家洗

衣做飯，做了四年沒得做了，又典當衣服去跑買賣販香煙，可憐在車
站上給鬼子捧了我幾棍子，疼得站不起來。我是天天眼淚伴野菜過日
子。小孩吃苞穀糊拉肚子、拉蟲子，人又瘦又黃。長到三四歲，跟着
別的小孩去拾柴火，有一次走丟了，天昏沉沉的要下雷陣雨，我急得
哭老天。虧得碰上了挑桶賣酸菜的老伯伯，老人家心眼好，抱着小華
送回來了，手裏還拿着兩塊餅。我想報答報答人家，可身上沒有一文
錢，只好母女倆跪下來，給老人家磕了頭。

日本宮崎縣沼田昌美：

人類侵害人類最大的罪過就是戰爭，生活在同一時代的人，為甚
麼非要依靠戰爭而凝視着死亡？到底是甚麼把人類變到這樣地步？我
坦白地說，儘管同樣是日本人，但那個時代的日本人不能叫作人，那
只是在戰爭中活着的動物。一九三七年並不那麼久遠，為甚麼會發生
那樣重大的事件呢？但事實就是事實，無論如何謝罪，歷史永遠要冷
靜地正視這件事情。

失去了妻子的薛世金（中國南京）：

我十歲的時候父親就去世了，後來到白下路德昌機器廠當學徒。日
本人打進南京時，我已滿師了，結婚才幾個月。我老婆叫潘秀英，十七
歲，圓圓的臉，大眼睛，個子高高的，不太胖，人雪白乾淨，蠻漂亮的，
她父親是和記洋行看大門的。

我叫師傅一起躲到難民區去，他近六十歲了。他說：「我見過的事
情多了，日本人不會殺老百姓的。」我帶着母親和老婆從武學園家裏到
了難民區，一看人很多，我想，我們家門口有躲日本飛機的防空洞。

第八章・秦淮殘月

能躲飛機的洞，難道躲不了日本兵？我說：「這不受罪嗎？回家吧。」

我把母親和老婆在地洞裏安頓好，就到廠裏去看師傅。師傅被日本人打了七槍，死了，我們幾個徒弟把他埋在中華門外。我剛到家，與秀英沒說幾句話，日本兵嘰裏哇啦地來了，我連忙叫她和母親鑽進地洞，我在上面又蓋了一些雜草，躲進後院的小屋角落裏。

日本兵一進來就到處翻騰。他們用刺刀挑開雜草後發現了地洞，就又是叫喊又是開槍，逼洞裏人出來。我母親剛出洞口，腳還沒站穩，日本兵舉起東洋刀，一刀把我母親的頭砍下了。秀英一見婆婆這個光景，嚇得哆哆嗦嗦，日本兵吼着催她爬上來，她膽戰心驚地一出洞，日本兵也是一刀。這一刀砍在脖子左邊，她當時流着血昏倒在地上了。

日本兵一走，我急忙跑到前院，只見六十三歲的老母親身子在門口，頭滾出一丈多遠。秀英也倒在門口，她的短髮和士林藍褂子上都是血。我抱着她叫她喊她，她醒來就喊我：「世金，世金，我不行了。」

我連忙把她抱到房裏，她用手捂着脖子喊疼。我先出去把母親的頭捧回來放在蒲包裏。又請鄰居和師弟金子成幫忙，把秀英抬到鼓樓醫院。

我的母親是帶血掩埋的，血海深仇！過了幾天，秀英也死了，日本兵的這一刀砍了她左邊半個脖子，刀鋒割到她的喉嚨口！

我跑回空蕩蕩的家裏哭了一整天。我的娘啊！我的秀英啊！

失去了父母的姜根福（中國南京）：

你來了三趟了？我在船上上班。來採訪我的人很多，我是苦出身，我一家的苦難可以寫一部書，大小九個人只剩下我們弟兄兩個，兩個孤兒！

從日本兵來講起，好不好？我父親徐長福是給馬福記元大公司的小火輪拖船的。我母親是擺跳板的，就是給岸上的人來河裏淘米洗菜鋪一塊跳板，給一個銅板一把米，這行當現在沒有了，你們年輕人不知道吧？我兄弟姐妹有七個，大姐姐早給了人家，一家還有八個，天天吃豆腐渣、米糠、大麥麵、菜皮子，苞穀麵算是好的了。

日本人進了南京，我們一家上了自己的一條破小划子，下關亂，就順着惠民河往上到水西門、三汊河方向去。到了石㷍柱，划子漏水了，頭、尾和中艙都漏，二姐三姐拼命刮水，刮得沒漏得快，父親說「不行了」，趕緊把我們一個一個抱上了岸，只搶出來一條破被子，小划子就沉了。

天黑了，父母帶着我們摸到一個村莊，有七八戶人家，人一個也沒有，都躲日本人跑了，我們不敢住。又走到一個村莊，有十多戶人家，全是空房，也都跑反了。父親帶我們到江灘邊的蘆柴窩內躲起來。父親帶二姐三姐在一處，母親帶我們弟兄四個在一處，相隔幾十米。那時，小弟弟才幾個月，母親沒有奶水，他餓得直哭。那天夜裏，圩堤上過日本兵。圩堤高，我們在堤下窪地裏。日本兵手電筒到處照，照到我們，十幾個人下來了，好幾個鬼子拉着我母親要污辱她，我母親死死抱着小弟弟掙扎。一個日本兵從我母親懷裏奪過小弟弟，活活地摔死了，母親撲上去抱起來，日本兵打了兩槍，我母親和小弟弟都死了。

我們不敢哭，父親也不敢過來，直到日本兵走了蠻長時間，天快亮了，父親和姐姐才過來，全家都哭了。父親去村子裏找幾塊板釘了棺材，我們看着母親，她很瘦，尖下巴，梳一個巴巴頭，穿黑棉襖，棉襖的大襟、肩頭和兩肘有四塊補丁，大襟上都是黏糊糊的血。父親

把母親和小弟弟裝進一個門板釘成的木盒子，木盒子放在圩堤上。父親帶着我們仍然躲在蘆柴窩裏。過了兩天，日本人又在圩堤上過隊伍，他們看見了我父親，就抓走了他，叫他扛東西，一走沒有音訊。

二姐帶着我們，用一點小划子裏帶來的豆腐渣充飢。又過了兩天，中午的時候，二姐正想給我們找吃的，圩堤上又來了日本兵。我們都不敢吭氣。可日本人看見我們了，二姐往塘邊跑，好幾個日本人攆，攆到現在河運學校那個地方抓住了。二姐那年十三歲，日本人扒她的衣服要污辱，二姐死活不幹，還打了日本人一個耳光，一個軍官模樣的日本兵抽出長刀，把我二姐的頭劈成兩半！我們在蘆柴窩裏看到的。日本兵走後，我們跑過去看二姐，她躺在堤上，身上穿着破得不得了的一件黑底小暗花棉衣，是人家給我們的。二姐對我很好，她去幫人家剝蠶豆，一天掙幾個銅板，回來總要買一個燒餅給我們每人一小塊分分吃。現在她只有半邊臉了，短頭髮只有半邊了，半個頭在圩堤下邊！

十一歲的三姐說：「不要哭了，鬼子還要來，我們走吧。」在蘆柴窩裏又過了一夜。我們餓得哭，三姐哄我們：「別哭，日本人來了要打死的。」天亮了，她背上背着三歲的小弟弟，一手攙我，一手攙着五弟往三汊河走去。找了大半天找不到東西吃，我們都哇哇哭。三姐也哭，她拿了個和麵的瓦盆到塘裏舀來了一盆水給我們喝。水通紅的，是血水，塘裏有好多屍體，不能喝。三姐倒了，又跑到石樑柱的一個塘裏舀了一盆來哄我們喝，這盆水血少一些，我們餓得慌，一人一次喝幾口，轉了幾次喝光了，我們又冷又累，睡不着就哭，哭着睡着了，醒來再哭，一夜真抵幾年過！

後來三姐在渡口對面一間空屋裏找到了一缸鹹菜，我們姐弟四人

靠嚼鹹菜和喝水活了一段時間。鹹菜吃了嘴發乾，肚子脹，又燒心，喝了水也難受，難受也沒有辦法！

後來市面上稍稍安定了一些。有一天，一個老和尚帶着幾個小和尚打着膏藥旗從圩堤上走過，聽到我們的哭聲，就走下堤來問：

「小孩，你家大人呢？」

「我爸給日本人抓差抓走了，我們等着他回來。」三姐說。

老和尚又問：「你們媽媽呢？」

三姐用手指了指圩堤上的木盒子：「媽媽和弟弟都給日本人打死了。」

老和尚很胖，穿灰色的和尚衣，他叫我們跟他走，有吃有穿。三姐背着六弟，一手拉我，一手拉弟弟，跟着和尚過了三汊河的船橋，到了三岔路口的一間茶館裏，出來一個蠻富態的陌生人，他與和尚說了幾句，到我們面前打量一番，一下子拉斷了姐姐背上捆弟弟的帶子，把小弟弟搶走了。

我們哭着要弟弟，三歲的弟弟後腦上留一個鴨尾巴，他哭着叫：「我不跟他去，姐姐你快來！」

老和尚說：「跟他去，你們弟弟不會餓死！」

後來三姐也被一個陌生人搶走了。老和尚把我和弟弟帶到三汊河的放生寺裏。這裏收的都是父母被日本人殺死的孤兒，很多。寺裏的和尚叫我們唸經，一天兩餐麵糊糊，夜裏用草包墊在大殿上睡覺。後來一家姓陳的收我們兄弟倆當他的養子，養了幾個月他娶了小老婆，大老婆給人家做傭人去了。我和弟弟就流浪要飯，撿煤渣，給狗咬，給日本鬼子打，寒夜裏抱着燒餅爐子，凍得汗毛孔都出血，腳爛得露出了骨頭！

第八章・秦淮殘月

我們差一點沒有命。有一天早上，一個叫魯法興的碼頭工人看我們四腳四手在地上爬，覺得可憐，買了兩個燒餅給我們一人一個吃。過了兩天，他對住在河邊的楊國貞和姜樹文說：「你們沒有小孩，車站有兩個孩子怪可憐的，去領回來吧。」

楊國貞把我弟弟背回來了，我五弟姓楊。姜樹文成了我的父親，我就姓姜了。這兩家都是窮人，雖然窮，良心好。解放初的五一年，政府幫我們找到了六弟，他被人搶到了一家茶店裏，兩夫妻都抽大煙，對六弟狠，後來被一個算命的瞎子領回去當兒子，這瞎子姓戴，我六弟也改姓戴了。

我三姐被人搶去當童養媳，因受不了虐待，上吊死了！

我們徐家三兄弟現在改了三個姓。日本鬼子害得我們父母雙亡，骨肉分離。我們一家的苦處，三天三夜說不完！

五十七歲的姜根福繼承他父親的舊業仍然在長江上航行。這位搏風鬥浪的油輪司機劍眉紫臉，一口南京方言。剛強的硬漢子談起他家的血淚史，也禁不住幾次落淚。

歷史像滾滾的江水，該過去的都過去了。要飯的流浪兒成為光榮的中國共產黨黨員，許多不相識的日本人給他寄來了問候的信件，寄給他雪花般的名片和一面面寫有「和平」「友好」字樣的旗幟。據說有一位日本的將軍，曾在這位孤兒面前低頭折腰！

「這事有十多年了。中日邦交還沒有正常化，是冬天，還下雪。外辦的同事來找我，說有一位日本客人要見我。他用小汽車把我接到雙門樓賓館。一位矮矮胖胖的、六十多歲的日本老人恭恭敬敬地在大廳

門口迎候。他花白的短髮，白襯衣外面是深顏色的西裝，翻譯對他介紹了一下我的情況後，他站到我面前，給了一個九十度的鞠躬。他說：『我沒有資格來見中國人，因為侵略戰爭，我的兩手沾滿了中國人民的鮮血，我對不起你們，雖然我沒有親手殺過一個中國人，但我是指揮者，我有罪，我今天是來向中國人民認罪、服罪的。』」

共產黨員姜根福淡淡地笑了笑：「你對中國人民犯了罪，今天認罪了，那我們友好。」「謝謝。我牢牢記住你的話，我回到日本以後一定向日本人民傳達中國人民的友誼。我來以前寫了一封信給佐藤，希望他接受第二次世界大戰的教訓，下野前做一件好事，與中國建立外交關係，恢復日中邦交。」

姜根福說：「前事不忘，後事之師。」

廣島來的友人告訴他：「戰爭毀滅了一切，廣島有的地方草還沒有長。」

姜根福說：「是的，像我的心裏一樣，那是難以醫治的創傷。」

第九章　十四個秀英

太沉重了，我簡直無力掀開它的扉頁。這是三十萬死難者的靈與肉，這是過去了的歲月！

一千多位老南京，以歷史見證人的身份，寫下了有關「南京大屠殺」的經歷和見聞。每一位證人的千仇萬恨，都濃縮在一頁鉛印的表格上。我久久地翻閱着這一千七百多張表格匯集成的《南京大屠殺倖存者、受害者、目睹者花名冊》。每翻動一頁，我的心就一陣悸動。

這是一本黑筆書寫的史冊。黑色的字裏行間，開放着幾朵秀美的花——

李秀英、劉秀英、馬秀英……

我草草數了數，發現有十四個秀英（女）：

徐秀英	棉鞋營四十四號	父親被日軍殺害，弟弟被日軍電死。
金秀英	紅廟二十一號	重要目睹者。
卜秀英	衛巷十八號	重要目睹者。
馬秀英	新巷十四號	丈夫及夫哥被日軍殺害，婆母和母親急死。
劉秀英	雞鵝巷三十七號	表姐被日軍強姦，夫妻被逼自盡。
蒲秀英	太平門農場巷一四六號	丈夫被日軍殺害。
時秀英	軍械局二十五號	丈夫被日軍殺害。
方秀英	裕德里二十四號	哥哥被日軍殺害。
王秀英	武學園三十七號	父親和哥哥被日本兵殺害。
王秀英	火瓦巷十二號	丈夫被日軍殺害，房子被日軍燒毀。
季秀英	匯文里五十六號	父母及姑父被日軍殺害。
李秀英	外關頭東街十號	父親和伯父被日本兵殺害。
李秀英	侯家橋七十八號	姨父被日軍殺害。
李秀英	魚市街衛巷二十八號	因抗拒日軍強姦被刺三十餘刀。

162

兩個王秀英。三個李秀英。這是巧合嗎？

秀英 —— 秀美的花。可惜她們生不逢時，她們被摧殘而凋零了！

我要尋找她們。

徐秀英 ——

她退休了，淺灰色外衣的左臂上戴着一個「治安執勤」的紅袖章在小巷子中巡邏。遠遠望去，她花白的頭髮像一片淡淡的雲彩在飄動，顴骨突出的方臉顯得憔悴和疲憊，這是一位苦難深重的老人。

她生下來就受苦。瘦精精的父親挑一副剃頭擔子，母親是家庭婦女，弟妹五個，她是老大，四五歲就跟着外婆拾煤核、撿垃圾。

日本兵進南京那年，她十五歲。父親挑着擔子，她扛着破被子爛棉絮，母親拖帶着弟妹到了五台山難民區。租房沒有錢，父親在佐佐營的墳堆上用破蘆蓆搭了一個滾地龍，一家大小都滾在破棉絮中。

苞穀麵吃完了，一家人正揭不開鍋，日本兵來了，父親連忙爬到蘆蓆外面裝出笑臉。他聽不懂日本話，就哆哆嗦嗦地從破長衫的懷裏摸出一包老刀牌香煙遞過去，日本人不要，説了一通他聽不懂的話。他木然地站着，臉上仍然強裝出笑容。日本人拿了一盒煙走了，他喘了一口氣，妻子徐陳氏在地籠子裏聽到日軍的皮靴聲遠了，戰戰兢兢地探出頭來：

「殿成，進來吧。」「不能進，外面沒有人招呼，日本老爺發起脾氣來，全家都要遭災！」

徐殿成是個老實人。他十二歲從淮安來南京學理髮，三十年來像個女人似的天天低頭進低頭出，從沒跟人紅過臉。他在滾地龍前呆呆地站着，冷得腿直打顫。突然，走到岔路口的兩個日本兵嘰哩哇啦地

回頭來叫他，他朝蘆蓆棚內說了一句：「我去一下。」

秀英探出頭來，穿藍棉衣、灰棉褲的父親光着頭跑過去了，兩個日本兵帶着父親朝漢中路汽車站走，她一直望到拐了彎，父親瘦高個的身影看不見了，才把頭縮進蘆蓆棚。

父親再也沒有回來，他挑過的這副剃頭擔子蒙上了厚厚的灰塵。徐秀英說：「那兩個日本兵良心不好，肯定把我父親弄死了。我舅爺的兒子那年二十多歲，也被日本兵拖去了，後來又被放回家了。」

父親走後，他們靠拾垃圾換幾個錢活命。有一天上午，一個叫陳文中的小伙伴急匆匆地跑來：「不好了！不好了！來發電死了！」

秀英吃了一驚，連忙拉着母親來到成賢街毗盧寺後面的一條小街上。十三歲的大弟弟來發仰天躺在院內的草地上，他睜一眼閉一眼，頭上和左腳上有像火鉗烙過的紫黑色的傷痕。撿垃圾的那隻竹腰籮靠在身邊。陳文中說：「我們四個小孩走到這裏時，鬼子在門口用手招我們進來，進來後都趕到草地上，草地上有電線，來發踩着了，他叫了幾聲，鬼子哈哈笑。」

破門板上躺着一個十三歲的中國少年。他是被日軍用電觸死的。他明亮的大眼睛還睜着一隻，他憤怒地看着這個世界。

金秀英 ——

推開雙扇舊木門，迎出來一位戴一副紫色秀琅架眼鏡的老太太，花白的齊耳短髮紋絲不亂，雖然七十三歲了，但耳不聾，眼不花。她識字，有點知識婦女的氣質和風度。

她接過我遞上去的介紹信看了看，在藤椅上微微地閉了一下眼睛，像在搜索腦海中久遠的記憶。

想不到，她的丈夫馬六當時是抬棺材埋死人的。「我也是苦出身。」她説。

她當時住在豆菜橋難民區，和哥哥嫂嫂一家共十一口人住一間廂房。那裏靠近金陵女子文理學院，大學裏面有個大地洞，好多中央軍換了衣服躲在裏面，被日本兵打死了不少。有一天上午，她看見日本兵的兩輛卡車開進大學，拉走了一百多個男人。不到半小時，陰陽營後面的空地上響起了嗒嗒嗒的機槍聲。她的剛剛結婚的表哥也是被日本兵的機槍掃死的，表哥姓梁，是趕馬車的，她的表嫂一直守寡，直到孤零零地死去。

談起那段歲月，她毛骨悚然。那年她二十四歲，本應是風華正茂的年紀。她卻披着散髮，臉上抹着黑灰，人不像人鬼不像鬼的樣子，為的是保護自己的純潔和尊嚴。她幾次險落虎口！一天下午，金秀英正在院內洗衣服，被巡邏的兩個日本兵看見了。房東姚老頭説：「他們晚上要來。」

半夜裏，獸兵果真來了，他們在外面嘭嘭地敲門：「花姑娘，花姑娘！」

「沒有。」抬棺材的丈夫説。

幾支長長的手電筒在牀上和角落裏亂照。金秀英直挺挺地躺在後房的蘆蓆上裝死人。她臉上蓋了一張黃草紙，身上是一條白布牀單。一束手電筒光射過來。「這個，裏面有的！」隨着這句生硬的中國話，一雙毛茸茸的手揭開了金秀英臉上的黃草紙。

「哎呀！媽啊！」她一手打掉手電筒，跳起來就朝外跑。熟門熟路的金秀英一口氣跑到金陵女子文理學院躲了起來。她拐了兩條巷子才甩掉日本兵，她聽見日本兵在後面大聲叫：「花姑娘！花姑娘！」

馬秀英 ——

一張南京市區交通圖和一輛鳳凰牌自行車，引導我穿過了一條又一條的小巷。十號，十二號，十四號。是這裏！

她坐在門口補衣服。這是一位瘦削而整潔的老人，藍布衫外面罩一件黑毛衣，花白的髮髻結實而光亮。滿臉的皺紋似一湖被春風吹動的微波。

她七十九歲了，兒孫繞膝，身板硬朗。可有誰知道她心中難以平復的創傷！

冬月十四這一天，對於馬秀英來說，是一個流血流淚的日子！

五十年前的這一天早晨，日本兵闖到陰陽營難民區來突擊搜捕中央軍。馬秀英住的是平房，從窗戶裏可以看見，抓來的人都集中在對面的空地上。有一對夫妻也跪在地上，女的手裏抱着一個小孩。突然，一個日本兵的刺刀朝女的懷裏一挑，不滿一歲的小孩在刺刀尖上疼得手抓腳蹬，尖聲哭叫！日本兵哈哈大笑！

母親昏倒了。馬秀英蒙住了雙眼。她不敢看這人世間最悲慘的一幕！

到了下午，人更多了。她擔心兒子和丈夫會出事。上午，丈夫金德泉和兒子金同和一起回下浮橋的老家去取點東西，怎麼到現在還沒有回來？她叫二哥去找一找，兒子找回來了，可丈夫被日本兵抓走了。

她眼前一黑。從窗戶裏望出去，熙熙攘攘的人羣中，有一個穿黑綢長褂子的人，難道是他？她定睛看了一會兒，是他！高高的身材，沒戴帽子，灰棉褲，四尺一寸長的棉袍子！

他跪着。他與她隔兩丈多點的距離。他兩眼直盯着這扇窗戶，他似乎想叫，可他不敢，他太老實了。他沒有兄弟，不抽煙，不喝酒，

只知道在民月戲園裏幹雜七雜八的事情。

下午四點多的樣子，跪着的人都兩個一排站好隊後被押走了。押到哪裏去了呢？她要找。他和她同歲。丈夫是她的靠山。丈夫是老公公六十歲時才生下的一個兒子，就是屍體，她也要背回來！

沒有找到。當夜她做了一個夢。她説：「德泉來託夢了，他穿着黑綢褂子，他叫我認他的手指，他的大拇指上有血！」

第二天，第三天，她化裝成老太太的模樣，手裏拿一根竹棍，路上、塘邊、池裏的屍體，她一個一個地認，一個一個地翻過來看，可都沒有！她急得昏過去了！

這成了她的老毛病。一直到現在，天一熱、氣壓低一些，她就犯病，就會昏過去。

劉秀英 ——

她買菜去了，我在院子裏等她。我有點擔心，不知她願意不願意接受採訪？因為我要了解的事情，在我們中國人的傳統觀念中，一般來説，都是極不願意聲張的。

她挎着隻菜籃子搖擺着寬大的白布大襟襯衫回來了。這是位開朗、樂觀、直爽又熱情的老大娘。提起往事，她細細的眼縫中滾落下一串串的淚水，她只會用一句話來發泄仇恨：

「他們不講理呀，他們不講理啊！」

那年她十八歲，春天結的婚，冬天就有了收穫。日本兵進城時，她挺着個大肚子住在四牌樓的家中，丈夫是修自行車的。她和表姐住在一起，表姐夫是拉黃包車的。

那天上午，男人們到難民區去聯繫住房了，家裏只剩兩個女子。

劉秀英臉上塗着鍋灰挺着大肚子坐在家門口，她兩手生疥瘡流着膿水。她像一尊金剛似的把着門。

皮鞋聲朝這邊走來了。三個背着長槍的日本兵走到劉秀英面前站住了。她朝他們翻了一下大眼睛，伸出一雙流黃水的手給日本兵看了看。日本兵連忙用手捂住鼻子。走在前面的一個日軍朝門裏張望了一下，一把把劉秀英推倒，日本兵一個接一個地進了屋。

表姐在屋裏，文文靜靜的。她愛乾淨，她不願抹一臉的鍋灰。日本兵像老鷹抓小雞似的把她拖到秀英的牀上，一個接一個地又撕又咬。她無力反抗，只能一聲接一聲地叫喊着。劉秀英又氣又急，沒有辦法救她，不敢進去也不能進去看這種悲慘的場面。

三頭野獸瘋狂一陣走了。表姐渾身無力，她扶着她坐起來。表姐雙手掩面嗚嗚地哭泣，劉秀英用手絹幫她一把一把地抹着眼淚。一邊罵着畜生，一邊好言相勸。

到吃晚飯的時候，表姐的眼圈還紅腫着。她皺着眉頭悄悄地問劉秀英：「妹妹，我小肚子疼，下身都是血，怎麼辦呢？」

劉秀英幫她洗了洗，又換了一條帶子。

第二天早飯後，劉秀英見表姐還沒有起來，就去敲門。一推門，她呆住了：

表姐死了！她直挺挺地躺在牀上。她服藥自盡了。

拉黃包車的表姐夫找了一張破蘆蓆捲了捲，把妻子埋到太平門外的邁皋橋。他嚥不下這口氣，覺得一個男子漢保護不了自己的老婆還活着幹甚麼呢？一個月後，他也吞服了一大把安眠藥，隨着妻子一起去了。

他們同仇共恨，他們埋在一起。

卜秀英 ——

我找到了衞巷十八號門牌。我來遲了，我見不到卜秀英老大娘了。一位三十多歲的鄰居告訴我，她剛剛去世！

這是一個灰磚的牆門。牆門裏住着好幾戶人家。好幾個人圍着我，向我介紹卜秀英老大娘的情況：

「她老頭早死了，她吃過很多苦。」

「她活着的時候坐在牆門口，經常對我們説：『日本兵殺人真厲害，像殺豬，把人一捆，一刀捅死了！』」

王秀英 ——

她生病了。病很重，被送進了醫院。

季秀英 ——

我找了好幾遍，找不到匯文里五十六號。有人告訴我：「城市改建，這裏拆遷了。」

三個李秀英中的一個 ——

她被日本兵刺了三十七刀：她沒有死。她咬得日本兵哇哇地叫。她是一位傳奇式的人物。她的身上，有許多中國人缺少的東西。

她並不高大，但剛毅而豁達。她給我看身上的一處處傷疤：

當時我十九歲，肚子裏有七個月的小孩，三月份結的婚啊！

我們原在上海川沙，「八一三」以後回南京來的，老頭是部隊的無線電報務員，國民黨一一八師參謀處的報務員。你別看他長得比我高大，他沒有用，他打不過我。淞滬抗戰，我跟他在一起。後來撤退

了，他同部隊撤到河南，我家在南京，就回南京了。

我母親死得早，我跟父親過。父親大個子，瘦瘦的，他在漢中門裏稽查處當稽查員，他不識字。我父親山東人，山東鄆城人，他會武術，打形意拳打得好，我跟他學過。我體質好，力氣大，脾氣壞，像我們的老祖宗，我們是梁山好漢李逵的後代！

提起日本兵我氣死了！我們躲在五台山一所美國小學的地下室裏，裏外兩間，五六十個人，外面住男人，裏面住婦女。十八日那天，日本兵抓了好些男人去。大家都怕，說男人抓去就打死，女人抓去要輪姦。第二天上午，我剛吃過稀飯，就進來了好些日本兵，一個一個地拉着出去。我們裏間被拉走了好幾個婦女。日本兵來拉我了，我不去！我一頭撞牆了！撞在右額上。我昏過去了！

父親當時在難民區維持秩序。他喊啊，叫啊，總算把我叫醒了。我一摸短髮上額頭上都是血。寧可死我也不能受日本人的污辱！

我躺在行軍牀上。我們裏間住十多個婦女。裏間有一個窗，一半在地下，一半露出地上。中飯後，又來了三個日本兵，他們先把男人趕走，一人一個，兩個日本兵拉走了兩個三十多歲的婦女。那個日本兵過來了，他腰上掛着刀，一邊嘴裏叫：「姑娘，姑娘！」一邊動手來解我旗袍上的扣子。我想奪刀，猛地從牀上跳起來，一個魚躍抓住了他腰上的刺刀柄，我一拔，還沒有拔出來，日本兵的手抓住了我的手腕。他死死按住我的手，不讓我奪刀。我用頭撞他，還用牙咬他的手，日本兵疼得「啊！啊！」地大吼。另外兩個日本兵聽到叫聲跑來了，我連忙佔領牆角，一手還死死抓住日本兵的衣服不放，兩人扭打在一起。那時我勁大呀！豁出去了！那兩個日本兵拔出刺刀往我身上亂刺，我氣啊！我沒得知覺了，臉頰、耳朵、鼻子、眼睛、嘴、腿

上都刺了，我咬着牙，像刺在木頭上一樣！大腿上刺得最多。我不像人了，我玩命了！嘴上很多血，我一口一口地往日本兵身上吐！後來一刀刺進我的小肚子，刺透了棉袍和衛生褲，我倒下了，甚麼都不知道了！

我迷迷糊糊地聽到有人在叫我，睜開眼一看，我躺在木板上，父親一聲聲地叫着：「秀英！秀英！」幾個人抬着我。原來他們以為我死了，已經挖好了土坑，要把我抬去埋掉！

冷風一吹，我緩過來了，嘴上的血呼嚕呼嚕響。我清醒了。我的小孩流產了。父親一看我又活了，就把我送到鼓樓醫院。一個美國醫生給我縫的傷口，他說：「一共有三十七刀！」

那時，我的頭腫得有斗大，頭髮上沾滿血都直起來了，吃飯喝水都從鼻孔中流走了，嘴骨缺了一塊！牙齒也全掉了，啊！你看，我的牙全是假的！

我動手術的時候，有美國人給我照相，拍電影。那個人叫梅奇，大高個，瘦瘦的，會講中國話。審判日本戰犯的時候，東京國際法庭上放過這個電影，伍長德去當證人時看過的，他回來給我講：「美國人給你拍的電影在法庭上放了。」《南京大屠殺》的紀錄片中也有這個鏡頭。現在日本人、香港人經常來訪問我，也給我拍鏡頭，過幾天又有一批日本人來，要我去座談，問我去不去。

「去！一定去！」我說。

一九八六年三月十九日下午，「日中學院友好之船日中不再戰訪華團」的一百多個男女老少來到了南京，來到了侵華日軍南京大屠殺的部分遇難者掩埋屍骨的現場！太陽帽、披肩髮、花裙子和金絲邊眼

171

鏡全都失去了光彩！刺目的閃光燈在膠片上也在心底裏留下了一幅幅悲慘的畫面，攝像機在不停地搖動和旋轉：白骨累累、累累白骨。短的、長的、大的、小的，那個和拳頭差不多大的頭骨是一個孩子的生命！斷了的腿骨、砍裂的手骨，子彈射穿的肋骨，軍刀劈破了的頭骨！層層疊疊！

鞠躬。默哀。合掌。哭泣。

一百多個人用青絲、白髮、童顏、花裙和紅紅綠綠的太陽帽組成了一個五彩的花環，敬獻給在屠刀下喪生的人們！

倖存者和受害者們也來了。劉永興、陳德貴、夏淑琴、李秀英⋯⋯

悲哀的訴説，平靜的敍述，激憤的控訴，通過女翻譯富有感染力的表情和聲音，在大和民族的心裏激起了波瀾！

日本婦女李秀清握着中國婦女李秀英的手，聲淚俱下：「那年我十六歲，我還在讀書，聽説南京四周都有城牆，人跑不出去，所以被殺了很多！今天我們看到了這個殘酷而悲慘的場面，我心中很難過。這是日軍的罪過！」

「這是歷史的教訓！」李秀英説。

一位叫片平裕香的女子用手捂着嘴，想盡力不哭出聲來。她穿着藍方格襯衣，雙肩隨着一聲聲抽泣而一陣陣顫抖：「我一直在日本生活，一直不知道日本做過這樣可恥的事情！我不願做這樣的日本人！」

一位十八歲的日本小伙子也哭了：「中國人民遭到了日本的禍害。今天我見到了事變的倖存者，深感對不起你們，我不敢抬起頭來看你們！」

穿黑白條紋衫的長髮女青年擦着眼淚，輕聲地問坐在她身旁的李秀英：

「你們恨日本人嗎？」

像引燃了一堆乾柴，李秀英站了起來：「恨！當然恨！血海深仇，能忘記嗎？我流了多少血！血的教訓，能忘記嗎？」

她指着一處處的傷痕給他們看。「日本兵説是因為中國兵抵抗才殺人的。我是婦女，我抵抗了嗎？你來中國殺人放火，當然要抵抗！」她停了一下：「自然日本人民也是受害者，他們也要和平，他們也不願來中國打仗，壞的是軍國主義！不能再打仗了，我一家現在有十多個人了！」

六十五歲的日本婦女李秀清又一次握住了六十八歲的中國婦女李秀英的手，贈給她一個粉紅色的四方盒子。

裏面是時間和歷史。圓形的電子鐘在嚓嚓地走動。它和地球一樣，在自己的軌道上運行！

李秀英高高舉着它，像舉着一面旗幟。

第十章 民夫們

從南京到江寧

寒風呼呼地吹着。張文斌只穿一件夾衣，但全身汗水淋漓。他挑着一副深重的擔子，氣喘吁吁地跟在馬隊後面，炮車轔轔，戰馬蕭蕭，他兩腿發軟，頭有點昏，他不敢歇下。一歇下，日軍的刺刀就捅過來了。郭家山崗的郭成照昨天在溧陽因為挑不動擔子，被一刀挑死了，就死在他的旁邊。

離家八天了，他摸着口袋裏的八顆小石子，想着和尚村自己的家，想着冬月十一那一天。

那天清晨三四點鐘槍就響了。全村二三百人像兔子似的到處躲，拼命逃。逃到吳家山中時，被兩個日本兵攔住了。二三百人立即跪在地上磕頭。日本兵叫走了朱萬炳和石全子。跪了快一個鐘頭，又來了一個黑鬍子很多的日本兵，他用手指着張文斌。跪在旁邊的父親一看不好，兒子剛十九歲，就站起來想代替兒子。

「不行！」日本兵吼了一聲。張文斌只好站出來，跟着日本兵到村子裏抓老母雞。抓到畢家窪村口，他吃了一驚。穿黑棉綢褂子的石全子的頭被劈開了，死在路邊！

日本兵押着張文斌來到安德門，給他膀子上套了一個白布臂章。臂章上有「逸見部隊使用人」幾個字。

第二天，一個日本兵帶着張文斌進城。中華門城門口，八個日本兵正端着刺刀對着靠在城牆邊上的幾百個中國人一個一個地刺殺，地上和城牆上都是血，張文斌嚇得腳都發抖。

他把一箱蜜棗扛到憲兵醫院後，日本兵叫他挑水、燒飯和餵馬。

第五天夜裏，日軍出發了，張文斌挑着擔子跟在馬隊後面走。黑夜裏的中華門陰沉沉的，他想起那天進城時見到的殺人情景，心還怦怦直跳。

　　這是一支炮兵部隊，抓來的民夫不少。挑不動、扛不動的，半路上就刺死了。

　　走到東山橋，天黑了。過橋是江寧縣城。日本兵點着了路過的三間草房。大火熊熊。熊熊火光中，馬蹄、炮車和雜亂的皮靴聲打碎了江寧城的安寧。

　　趕馬車的崔金貴也被抓夫抓到了江寧。他臂膀上套着一隻「中島部隊肥後小隊使用人」的白袖章。他是扛箱子來的，一天多了才吃了一盒子飯。他和鄰居金小夫昨天早上出來買米，在官家橋被日本人抓着當了夫子，父母和妻子都在等他回去，他們一定等急了！

　　第三天到了銅井，日本兵總算放了他們。一人發了一張路條，崔金貴和金小夫像捧着一道聖旨似的捧着路條往回走。崔金貴膽子小，他不敢走夜路。他趕馬車時，也總是晚出早歸，他怕天黑了出事情。他的馬車和四匹馬也被日本兵拉走了，那四匹馬是他和父親賣糖球、販花生米積起來的錢買的。棗騮、海騮、青馬和甘草黃，四匹馬是他家裏的四根柱子。現在，柱子被人拆掉了！他和比他小一歲的金小夫躺在田野裏，望着寒夜中天上的星，各人想各人的心事。

　　天微微亮了，他們往回走。他們急切地要趕回南京城，城裏有父母妻子。走到油坊橋，太陽快下山了。還沒過橋，一羣日本兵衝上來，崔金貴連忙賠着笑臉遞上路條，誰知日本兵看也沒看，接過來就扔掉！三個對付一個，兩人架着臂膀，一人端着刺刀，不由分說，雪亮的刺刀當胸刺了過來！

第十章 • 民夫們

崔金貴挨了三刺刀！他命大。他的黑棉袍子上面的幾粒布扣子壞了，只好敞着懷。對着胸膛刺過來的刺刀往上一挑，刀尖刺入了脖子！刺刀一拔，他往左一歪倒在了地上，日本兵的刺刀在他的左耳後邊又刺了兩刀！

這裏沒有人家，橋是木橋。橋邊全是田，崔金貴倒在田裏，田裏有許多屍體。到了半夜，他慢慢醒了，睜眼看看，天上一片漆黑。橋邊有一堆火，五六個日本兵圍着火在説話。他摸了摸四周，左右前後都是死人。金小夫和其他與崔金貴一起放回來的民夫都過不了橋，都被刺刀捅死了！

他慢慢地爬，爬過橫七豎八的死屍，爬到了河邊，這裏離日軍有一丈多遠，冬天水淺，他咬着牙輕輕地涉過了河。崔金貴忍着喉嚨口的傷痛，一口一口地吞嚥下腥乎乎的從脖子上流出來的血。他知道，血流光了人是要死的。

他拄着一根棍子走到了毛公渡，毛公渡上的石橋被日本兵的飛機炸掉了，上面鋪上了門板。晨光中，渡口站着兩個人，剛走近，穿黃軍服的日本兵掏出手槍要崔金貴跪下。崔金貴一看不好，連忙朝穿藍大褂、戴禮帽的一個中國人求情：「哥哥、哥哥你救救我！我們都是這個地方的人！」

這個人三十多歲，會講日本話。他問崔金貴：「你脖子上的傷是怎麼回事？」

「狗咬的！」崔金貴説。

翻譯對日本兵嘰咕了幾句，就喊崔金貴站起來：「走吧！」

崔金貴望着黑乎乎的手槍，嚇得僵掉了，他站了幾次才哆哆嗦嗦地站起來。好不容易進了水西門，在北三巷又被一個日本人叫住了，

日本兵摸出一把銅板，又給他幾根大蔥。崔金貴弄不清楚怎麼回事，站在日本兵旁邊的一個中國民夫說：「叫你去買蔥！」

崔金貴點點頭。他把銅板和大蔥兜在血跡斑斑的長褂子大襟上，一步一步地進了城。一進城，他把大褂一抖，摔了銅板和蔥，走莫愁路，到了螺絲轉彎的地方，因為流血過多，兩眼一黑，靠在軋馬路的石滾子上昏過去了！

這裏的人都認識他：「哎喲，這不是趕馬車的崔麻子嗎？趕快喊老頭子去！」崔金貴的老父親「兒啊！兒啊！」地哭叫着來了，他把昏迷不醒的兒子背到了官家橋，請了個姓胡的江湖郎中來蘆蓆棚子裏治傷。

「這孩子不得了！」郎中把崔金貴的褲腰帶一解，從脖子上流下來的血都積在這裏乾了，乾了的血餅子一塊塊往下掉！江湖醫生用棉花燒成灰，拌上豆油往傷口裏塞，外面再敷上黑乎乎的草藥。過了一天多才醒過來，過了一個多月傷口好了，但食管刺破了，嘴裏喝進去的稀飯從喉嚨口流出來，還不斷地吐血塊，一直吐到現在。

從下關碼頭的死人堆中爬出來的劉永興，用十二塊大洋向一個農民換了一件老棉襖和一塊毛巾，毛巾剛剛紮上頭，兩個日本兵來到草棚前，指着劉永興說：「你的，苦力苦力！」

「去吧，我明天來看你。」那個農民說。

日本兵把劉永興帶到火堆旁邊，一個日軍用棍子在地上畫了四個字：「幹甚麼的？」

劉永興哆哆嗦嗦地打着手勢：「做衣服的。」

「你的，頂好，頂好！你的，美男子！」

劉永興哪有心思聽日本兵的誇獎，他急得要命，結婚四個月的老

179

婆不知怎麼樣？父母親一定急壞了。

　　第二天開路了，日本兵給他一個袖章，上寫「從軍證」，還蓋有一個大紅印。到了江寧城，日本兵叫他給一個班十二個日軍燒飯、挑水，他還會補衣服。燒飯沒有柴，日本兵抬來一口棺材燒火。還抓來一個二十多歲的農村婦女。她嚇得要命：「大哥，你給我去説説，放我回家去吧，我家裏有老有小！」

　　劉永興剛要去求情，兩個日本兵把這位婦女拉到後院裏去了。後來，劉永興一直沒有見到這位穿藍布大襟衣服的婦女。他跟着這支日軍部隊幹了四十二天的「苦力」。他説：「日本兵也有好的，有一次我眼睛上火，一個日本兵搞來一個豬肝給我吃，還有一包藥。他們部隊要開到丹陽去了，就放我們回來了，還給了一袋米和幾個罐頭。」

　　劉永興回到了父親和新婚妻子的身邊，他很幸運。他説：「很多民夫被打死了。」

　　姜根福至今仍盼望着被抓夫抓走了的父親的音訊。他從小盒子裏拿出一封十五年前的已經發黃了的信給我看。他説：「一九七二年，報紙上登過一條消息，説日本有幾千個從中國南京抓去的民夫，有的已死了，但保存着骨灰，準備送回南京。我立即寫信到北京對外友協，過了一個多月，對外友協給我回了一封信，説目前要查找久居日本而下落不明的中國人尚無條件。葉落歸根，在中國的日本小姑娘都找到了，為甚麼在日本的中國人找不到呢？我父親叫徐長富，他就是成了一堆骨灰，我也要背回來！」

水裏火裏

　　木炭火熊熊燃燒，大廳的四壁上映出一陣一陣的紅光。「媽呀！」「哎喲！」掃馬路的侯佔清被四個日本兵抓着手和腳，赤條條地在火堆上烤！

　　這裏是湖南路中央黨部。這裏已駐紮了日軍。日本兵為了取暖也為了取樂，桌椅板凳都堆在大廳中燃燒。火光映着大廳正中一個很大的藍白色的國民黨黨徽。

　　被抓來的民夫侯佔清還在尖叫。

　　他已被燒掉了頭髮，火忽高忽低地往上躥，他身上吱吱地響，皮像要裂開來似的，前胸、小腹、後背燎起了一個個指頭大的水泡！「我的娘啊！媽媽呀！」他一聲聲地呼叫，日軍一陣陣地哄笑，烤了十多分鐘，抓着他手腳的日軍終於把他扔在稻草上了。他一聲接一聲地哼着：「哎喲！」「哎喲！」

　　他剛剛從冰水中出來。他是清潔工，掃馬路掏廁所的。清潔隊七八十個人都沒有撤退。班長謝金寬帶着他住進了牯嶺路二十一號的難民區。聽人說四個雞蛋可以向日本人換兩包麵粉，他裝了四個雞蛋走到珠江路口，卻被兩個端刺刀的日本兵押到了湖南路中央黨部，先叫他餵馬，後來又抬草，還燒飯，燒好叫他先吃，日本兵怕飯裏放毒藥。

　　第二天天亮，十幾個日軍趕着侯佔清和另一個住大方巷的民夫走到塘邊。他們朝水塘裏摔了十幾個手榴彈，鯇魚和草魚都肚子朝天浮起來了。日本兵高興極了，吼叫着趕侯佔清去撈：「你的下去！」

天陰沉沉的，快要下雪了。他脱掉外面的藍色棉袍，把灰禮帽放在棉袍上。水刺骨的冷，他咬着牙，嘴裏噝噝地吸着氣。池很大，水淹到胸部。他一條條地把大魚小魚往上扔。兩個人在冰水中泡了二十幾分鐘才上岸，他手凍僵了，牙齒咯咯地響。他披上藍棉袍就鑽到燒飯的灶邊上。

「你的，過來！」日本兵叫他去烤火。他們嘻嘻哈哈地扒了他的衣服褲子，玩起了叫作「烤全豬」的把戲。

侯佔清一動也不能動。他全身都是火燙起的水泡。水泡破了，渾身流黃水，鑽心的疼。他縮在稻草上，一聲接一聲地呻吟：「哎喲，娘啊！哎喲，娘啊！」

五十年後的今天，淡眉毛、小眼睛的侯佔清向我敍述這一苦難的時候，卻像在講別人的事情似的，他若無其事地笑着説：「他們是逗着我玩的！」

這個令人哭笑不得的侯佔清！

這就是七十五歲的侯佔清！

第十一章　不安的「安居」

總面積只有四平方公里的「南京安全區」，最多時擁擠着近三十萬的難民。這裏可能創造了世界上迄今為止人口密度最高的紀錄。在中國的這塊領地裏，德國、美國、英國等西洋人是保護神，手拿屠刀的日軍成了統治者，大地的主人 —— 中國人卻成了寄人籬下的可憐蟲，成了任人宰割的羔羊。

這裏是一座不大不小的國際舞台，各式各樣的人物在台上表演他們的傳統節目或即興之作。緊鑼密鼓，劍拔弩張，人性、獸性和奴性展開了生死搏鬥。

啊，令人不安的「安全區」。

人人過關

佔領南京的日軍驚魂未定。他們知道，曾與他們拼死血戰的十萬中國守軍，不少人仍然隱伏在市內，相當多的中國軍人混雜在安全區的難民中，這是一批危險的人物。進城的第二天 —— 十二月十四日，一個日本軍官帶着四五個隨從，來到寧海路五號國際委員會，瘦高個子的費吳生立即笑臉相迎。因為頭一天日軍在難民區打死了二十個難民，傳教士出身的美國人盡力地想製造一點兒友善的氣氛。

剛坐下，矮個子的日本軍官就提出：

「據我們得知，這裏有六千名解除了武裝的中國兵，希望你們能交出來！」

費吳生愣了一下：他們怎麼知道有六千名的呢？他急忙叫人遞上

茶水，「敗退的中國兵有一些，可不多。再說，解除了武裝的士兵，應該給予人道的待遇，昨天貴方已經答應保證他們的安全。」

「我們知道怎樣對付他們，帝國軍隊要求貴方協助的是：把六千名中國兵交出來！」

難民們分散在二十幾個收容所中，日本兵一時也分不清哪些是中國兵，中國兵藏在哪裏。整整花了一個小時，費吳生費盡口舌地辯解着，極力保護走投無路的中國敗兵。

日本軍官不高興地走了。

第二天晚上，國際委員會的十五名委員正在煤油燈下開會，日軍從安全區中拖出了一千三百個男人，用繩子綁着，一百人捆成一串，戴着帽子的，帽子都被一個個抓下來扔到了地上，其中有許多中國兵——軍人都光着頭。

拉貝急壞了。他立即帶着委員們趕去交涉，日軍不理不睬。費吳生在隊伍中穿來穿去。黑暗中，他在尋找昨天向他繳槍的四個小個子廣東兵。他們說，他們為抗戰來的，他們不願放下武器。還有一個北方的大個子軍官，他曾向費吳生傾訴了戰敗後的遺憾，那一雙失望的眼睛使費吳生久久難忘。他尋不到他們。刺刀押着他們走了，他們昂着頭，沒有一個人哭。

拉貝氣得要命。他覺得日本人欺騙了他，他也欺騙了中國人——愚弄人是不道德的。當天中午，他和國際委員會祕書史密斯、總稽查史波林在新街口的交通銀行內，與日軍特務隊隊長商談過這個問題，日本大使館的福田參贊擔任翻譯，他說：「對於已被解除武裝的中國兵，可以信託日軍的仁慈態度。」不過幾個小時，日本人怎麼不能「信託」了呢？難道槍殺就是「仁慈」？

185

十六日一早，國際委員會主席拉貝叫史密斯執筆，致函日本大使館參贊福田：「昨天因貴國高級軍事長官抵達此間，敝委員會認為秩序即可恢復，故未提抗議。不料晚間情形更為惡劣，敝委員會不得不臚陳各點，促請貴國軍事當局注意，並設法加以阻止。」

日軍當局對費吳生答覆說：「難民區內還藏有中國兵兩萬人，我們將肅清這些惡鬼。」

費吳生不安了：「恐怕不到一百人了，他們都沒有武器。」

肅清「惡鬼」的行動開始了。

十二月二十二日，在陰森森的寒風中，南京的大街小巷貼滿了日本憲兵司令部的通告：

自十二月二十四日起，憲兵司令部將簽發平民護照，以利居留工作。凡各平民均須向日軍辦事處親自報到，領取護照，不得代為領取，倘有老弱病人，須家屬伴往報到。無護照者一概不得居留城內，切切此令。

人們圍觀着，議論着，怒罵着。不識字的人一遍又一遍地請人讀給他們聽。也有人提出一些不清楚的問題：「到哪裏去登記啊？」「抱在手裏的娃娃要不要登記？」

打聽到了消息的人互相轉告：「十六歲以上的男女都要去登記。」「登記在金陵大學、金陵女大和山西路廣場。」

明知登記會有風險，可不登記說不定風險更大。南京人已經嘗到了日本兵的厲害。

天矇矇亮，山西路廣場上就擠滿了膀子上戴着太陽臂章的人。虔誠的基督徒朱壽義也去了。過了一會兒，來了幾個帶槍的日本憲兵，先叫大家四個一排站好隊，長繩似的隊伍一直排到三里地外的寧海

路。哪個人亂鑽，哪個人説話，日本兵的槍托就打下來了。

廣場上用桌子搭了個台，一個四十歲左右的中國人站上去講話了，他個子不高，聽得出是外地口音，邊講邊指手劃腳：

「同胞們，日本人是好人，大家都要聽從皇軍的命令。你們中間哪個當過中央軍的，就站出來。你們沒有家眷，流落在外面，生活很苦，只要站出來，皇軍不但不殺，願意做工的可以做工，願意回家的還發給路費！」

講到「發給路費」的時候，他還拍了幾下胸脯。有人看他穿着西裝，戴着一副眼鏡，有點兒洋氣，認為可以相信他。

「這人是誰？」有人悄悄地問。

「好像是夫子廟賣過仁丹的。」

「這人叫詹榮光。好像是湖北人，九頭鳥。」

「中國人總不會騙中國人吧。」

「難説。」

一陣小小的議論後，就是一陣小小的騷動。詹榮光又説話了：

「我的同胞們，當過兵的，願意做工的，都站出來，有飯吃，有工錢發！」

有人站出來了。一個，兩個，三個，十個，二十個。

「好！往這邊站！」詹榮光很高興。

站出來了好幾百人。「上車吧！」日本軍官一聲喊，持槍的日本兵就趕着這些想回家和想做工的人上了卡車。卡車飛馳到下關，機槍早準備好了。

登記了，一個挨一個地走過去。先朝桌子旁坐着的日軍來一個一百二十度的鞠躬，然後問姓名、年齡、住址、職業、家裏幾口人。

187

問完，再從頭到腳檢查。先看頭上有沒有戴過鋼盔的印子，再看手上有沒有老繭，還聽你說的是不是南京本地話。膽子小的害怕得發抖，就被拉出了隊伍。有一點可疑的，也被勒令另立一邊。話說不清楚的，他懷疑你有鬼，靠邊站。種菜的、打鐵的、拉車的，不少人都被他們懷疑是中央軍被拉出了隊伍。

排了一天隊，到傍晚了，朱壽義還沒有領到安居證。他發到了一張小條子，條子上有「野宇」兩個字，上面還蓋了圖章。

第二天一早，朱壽義又來到山西路排隊了。還是四個人一排。他小心翼翼地拿着這張條子，不敢說話，連看也不敢多看。前面的一個年輕人鞠躬時腰彎得小了一些，一刺刀戳在大腿上，躺在地上爬不起來了。那個老頭因為耳朵聾，聽不到問他甚麼話，被一槍托砸破了頭。有好些青年人被拉出了隊伍。

「噠噠」的馬蹄聲由遠而近。日軍的馬隊來了。一個軍官模樣的人與一個日本兵哇啦哇啦地說了幾句：「抬子彈去！」

一聲令下，日本兵從隊伍中拉出了一百幾十個年輕人。朱壽義在他們後面的第五排，他默默地在心中禱告：耶穌保佑！他被日本兵摸了一遍，花了兩元錢拿到了一張三十二開的安居證，上面有一個方的圖章，落款是昭和十二年十二月。為了這張倒霉的白紙，他吃了多少苦！又有多少人為此送了命！他真想把它撕成碎片，可他捨不得，沒有它，是要殺頭的啊！

寧海路往南是上海路。上海路上也排着長蛇陣，蛇頭在金陵女子文理學院的廣場上。廣場上也有一個台子，台上除了坐着日軍的幾個軍官外，詹榮光也在台上，和他同來的還有一個是原來日本大使館幹雜事的侍役，現在搖身一變，成了翻譯。

一個叫作角下的日本人講話了，據說，他與詹榮光很有交情。日本兵進城後，詹榮光送了一個年輕漂亮的女護士給角下。這一來，不僅詹榮光為虎作倀有了靠山，而且還通過這個女護士，掌握了留在南京的軍隊醫護人員的情況。角下會講中國話，他態度強硬：

　　「凡是當過兵的或者拉夫來的，只要自首，保證生命安全，還有工可以做。不然的話，查出來是要殺頭的！」

　　沒有人理他。詹榮光鸚鵡學舌似的照樣說了幾遍，終於從隊伍中走出了幾十個人。廣場的東南角，活動鏡頭吱吱吱地響着──有日本人在拍攝電影。

　　因為站出來的人不多，日軍就在隊伍中搜查了，二三十歲的人，一個接一個地被拖到隊伍外面來，稍有反抗，當場刺刀見血。於是，有的跪地哀求，有的默不作聲，有的嚇哭了。難民的隊伍中，也有被人冒充是親人仗義相救的。十八歲的喻志清去女子大學登記時被日本人拖出了隊伍，一起住在難民區的一個胖胖的老媽媽一看不好，立刻撲過去大喊：「乖乖兒啊！我的乖乖兒啊！」日本兵一下子愣住了。老太太強作笑顏邊講邊打手勢：「我的兒子，兒子！」喻志清就這樣被救了下來，他也就這樣有了一個乾媽。在抓捕中國士兵的時候，不少南京婦女冒着危險拼死救護他們。劉秀英老大娘對我說：「在女子大學登記時，我穿着黑棉衣棉褲，臉上抹着灰，梳一個巴巴頭，像個老太太。一個穿藍色中式衣服的瘦瘦的小伙子被日本兵拖出來後用繩子綁起來了，麻繩勒着頸項。他在我身邊悄悄地說：『大媽，你做做好事救救我，日本人要拉出去槍斃我。』那天是早晨，我也害怕，日本兵手裏拿着長槍，皮鞋咯噔咯噔在我身邊響。我想救人要緊，就擠出人堆去對一個翻譯講：『這是我兒子。』翻譯對日本人說了一聲，那個小伙子

就被放出來了。登記完畢,他跪在我面前磕頭,一口一個『乾媽』。人心都是肉長的,哪個人沒有父母兒女啊!」

日軍大肆搜捕中國散兵的目的,除了肅清敵方軍事力量外,還為了得到獎賞。據一個從南京脫險出去的人說:「日軍有令,凡捕獲排長一名獎五十元,連長二百元,營長五百元,團長以上則賞以重金。捕獲的軍官,都送到軍政部的大操場上,操場上有百十具木頭做的十字架,進去的人,全部綁在十字架上被刺刀捅死!」

後來,女子大學的登記又改換了花樣:先將男女分開站好,凡有家眷的,一律認領,沒有家屬認的男子,統統拉走槍殺。

據目擊者說,從十二月二十四日開始登記,到一月十日登記結束,日軍又殺害了幾萬名青年男子,美貌女子被拉走十多卡車。領到安居證的只有十六萬多人!為了領到這張安居證,婦女們都經過了一番化裝:剪掉長髮,抹上鍋灰,穿上黑衣,用白布條緊束胸部,用黑布條紮緊褲管。總之是越醜越好,越髒越好,越老越好。

不管老的小的,日軍見到女的,先嬉皮笑臉地看一會兒,然後渾身上下摸索一遍,把婦女搞得面紅耳赤。見到漂亮的,拉到屋子裏留下來了。拿到了安居證的女子,還要在臉上蓋一個圖章:「花姑娘的好!」有一次,一個日軍剛從一位女同胞的褲腰裏伸進去手,立即驚叫着拿出來了。原來,這位婦女為保護自己,在肚子上和大腿邊貼了四張黑乎乎的爛膏藥!日軍以為這是一種病,嚇得要命。後來,這個方法被許多婦女仿效。

金陵大學內的難民大多是婦女。十二月二十六日,史威斯紀念堂前的網球場上,集合起三千個男人。搖着尾巴的漢奸唾沫飛濺地動員了半個多鐘頭,走出了兩百多個自己承認是「中國兵」的人。日本兵

又從難民羣中拉人，湊足一千個，但不少人站出來證明他們不是中國兵。後來又來了兩個日本軍官，指示士兵立即將這批人分兩隊押解出去。

他們的一部分被押到了五台山，另一部分被押到了漢中門外的秦淮河邊被機槍打死了。押到五台山的一百多個人都用鐵絲捆着雙手，他們被押到永寧寺對面的一幢樓房裏。永寧寺的門口鋪着長長的白紙條，許多和尚跪在地上禱拜。

被捆着手的人五個一批或十個一批地從第一間房子裏走進去，裏面烈火熊熊，大院子裏架着好幾堆木柴，抓來的難民一個個被日本兵推入火中！沒有槍聲，只有一陣陣的慘叫呻吟。一個死裏逃生的人說，他眼見要被大火燒死，就向一個面目和善的日本兵求情。那個日軍同情地看了他幾眼，做出無能為力的樣子，然後用一根木棍在泥地上寫了四個大字：大人命令。他說，後來由於和尚們苦苦哀求，他和另外幾個人才倖免於難。遺憾的是，這位九死一生的目擊者仍然沒有逃脫災難。他在十一天後的一九三八年一月七日，到金陵大學廣場登記時，又被日本兵拉出去了，美國教授貝德士兩次替他求情擔保，都沒有效果。這位被貝德士稱為「異常聰明」的中國青年仍然過不了登記安居證的生死之關。

奴才們

　　白茫茫的晨霧中，一個身穿黑皮大衣，戴着眼鏡，挺着肥肚子的傢伙，手拿一根拐杖惡狠狠地指揮着他的一羣爪牙：

　　「打啊！打死這些狗東西！」

　　「給我燒！燒掉棚子！」

　　耀武揚威的奴僕們像惡煞般地又打又砸，將難民們好不容易沿街搭的蘆蓆棚搗毀的搗毀，燒掉的燒掉。寒風中，無家可歸的難民們在哀求，在號哭。

　　「佈告早貼出來了，通告也貼過了，皇軍有令，解散難民區！」他摸着鼻翼下那一撮日本式的小鬍子，怒氣沖沖地吼着。

　　他叫方浩，原是一個律師。日本人一來，他搖身一變，當上了南京自治委員會的第四區區長，第四區即難民區。他為日軍鞍前馬後地跑，仗勢欺人，大發橫財，紅得發了紫。

　　有死亡，就有生長。被血和火洗劫過的南京的土地上，生長出了一批黑了心肝、抽了筋骨的漢奸。這是一批與獸類為伍的人！

　　十二月二十三日成立的這個「自治委員會籌備委員會」，是與第二天 —— 十二月二十四日開始的難民登記有着某種必然的因果關係的。金陵大學對面那幢垂掛着太陽旗的日本大使館的樓房，是與日軍司令部同樣具有決定重大行動權力的另一條戰線的指揮部。矮胖胖的田中參贊是一個不可小看的活躍人物，由他出面組織的這個所謂「南京自治委員會」，是為了替代「南京安全區國際委員會」而與日軍沆瀣一氣的傀儡組織。獸類為了掩蓋一下牠的獸性，就要找一批奴性十足的

奴才作為牠的替身。奴才是按主子的指令行事的，牠自然喪失了只有人才具有的分辨是非的本能。

　　了解一下這班人的出身，或許可以從中明白一點兒甚麼。湯山陶廬浴池經理陶錫三當上了自治會會長。此人擔任過律師公會會長，當時已是花甲年歲了，四方臉，戴眼鏡，個子不高，卻留很長的白鬍子，穿中山裝，他家裏住着兩個日本和尚。據說他與大軍閥、大漢奸齊燮元是知交，所以田中首先看中了他。又有人說，他當時內心不願幹，為掩人耳目，他曾用名陶寶慶，當會長的時間不長。此話可信，因為自治會的壽命本來也不長。

　　瘦瘦的中等個子的孫叔榮是到日本留過學的。他懂日語，當上了副會長後，不知怎麼仍然穿一套中山裝。他是回民，至今，南京的不少回民罵他是「敗類」，但也有人說他幫了一些忙，回民掩埋隊的旗子、臂章都是他發的，沒有他，埋屍更困難。

　　很多人說，詹榮光是死心塌地的雙料漢奸，他通過與陶錫三是律師同行的關係混進自治會，一面討好日本兵，一面還拉人下水，發展了一批小漢奸。他住在寧海路一幢很漂亮的公館中，庭院中有兩棵大傘似的寶塔松。七十六歲的袁存榮老大爺去過這個院子。他說：「詹榮光害死了好多人，鬼魂跟身，後來發精神病死了，這是報應！」

　　還有一個旅店老闆王春生不知道怎麼混了個警察廳長。可這個廳長不好當，據說有一次要他去拉五百名婦女，他完不成，被日本特務長打了兩個耳光。當漢奸也可憐，跟在日本人的屁股後面卻吃不到日本人的飯。維持秩序的警察一天三餐往家跑，卻得不到一塊大洋。漸漸地，警察們都各自走散了。

　　自治會設在大門樓的警察廳內，六個科室的名稱倒是冠冕堂皇

的，總務、交際、交通、財政、調查、人事。可是血泊火海的南京有何交通財政可言呢？漢奸們幹的都是掛羊頭賣狗肉的醜事：拉夫、運送物品、代找女人、搜查中央軍、驅趕難民等等，傷天害理又丟盡臉面，幹不好還要被警告和挨打。當了漢奸的，家裏人都朝他們翻白眼，以前熟識的人見了都像避瘟神似的躲避不及。他們自知成了過街老鼠，一個個都縮頭縮腦，出來時把衣領子拉得高高的，帽簷壓得很低，生怕被人認出來。

他們在太陽旗下幹着陰暗的勾當。為了迎接一九三八年的第一輪太陽，也慶祝他們的勝利，森嚴的日本大使館內，大使、領事和參贊正在召集五六十個漢奸開會。

「新年到來了，應該熱烈地慶祝才對！皇軍在鼓樓要開慶祝會，你們都要去，帶很多人去，每人手裏要拿旗，不准拿青天白日旗了，要拿一千面五色旗，一千面太陽旗，五色旗是共和旗，大東亞共榮！日中共和！」

會議開得很長，從一九三七年十二月三十日的午後直到太陽下山。困難太多了，最難辦的是難民們不願意來開這個慶祝會。這使當了區長所長的漢奸們為難了。日本人惱怒了：「不來，統統地槍斃！」

槍斃更沒有人了。漢奸們商量來商量去，老奸巨猾的陶錫三咬了咬牙：「到會的人，發半斤鹽，兩斤米！」

花花綠綠的五色旗在寒風中窸窸窣窣地響着，鐘鼓樓下，被漢奸們強逼來的和受欺騙來的難民們稀稀落落地站立着，他們無精打采地拱着手，有的把旗子插在後領子上，有的插在口袋裏，他們只覺得新鮮：「這旗子十年不見了！」「這是臨時大總統的旗子！」「這是共和旗！」「紅黃藍白黑，蠻好看！」

突然間，鞭炮沖天，在上空「咚——啪」地炸響了，膽小的人以為打槍了，立即趴倒在地，直到放完才膽戰心驚地站起來。

鐘鼓樓的城樓上，站有許多穿軍服的日本兵和不穿軍服的日本人，日本人旁邊，站立着自治會的幾個頭目。陶錫三第一個朗讀自治會宣言。他大大地吹捧了一番「皇軍的恩德」，頌揚「日中親善，經濟提攜」，要民眾「服從皇軍命令」！

日軍的各類人物也一個個地粉墨登場，一個個哇啦哇啦地說了一番鬼也不相信的鬼話。

每個人演講完畢，漢奸們就帶領大家搖幾下五色旗，因為廣場上有日本人在拍攝電影。他們的鏡頭只對着這一角，再轉過去，就會把燃燒的街道也拍攝進去，這是與「慶祝」的氣氛格格不入的。

一個滿口南京話的老頭在台上罵人了，有人認出他是昇州路二區的區長，這是個六十多歲的老流氓：「革命軍一到南京我就知道他不會長久，因為他不成正果是不是？」

台下的人也在罵：「革命軍不成正果，日本兵能成正果？」

「這老壞蛋也不成正果，他把媳婦和孫女都送給日本人了！」

有人說他是理髮的，也有人說他過去在洋行裏幹過事。據說，南京的漢奸中，有不少都是幹粗活的、沒有文化的人。他們大都是磨刀的、理髮的、在洋行裏幹事的，有的早就被日本人收買了。雨花門外打虎巷有一個名叫周國才的，他是編雞蛋籮筐的，不識字，卻會講日本話。日本人一來他就當了漢奸，扛着面白紙上貼着紅膏藥的太陽旗，在街上邊走邊喊：「皇軍進城了，大家出來歡迎啊！」

「呸！」有人衝着漢奸的臉吐口水。

他生氣了，叫日本兵抓這個人。

195

日本兵問：「你為甚麼看不起他？」

這個人很機靈：「我吃皇軍的飯，為甚麼要看得起他？」

日本兵笑着高興地走了。那個漢奸氣得説不出話來，只好悄悄地溜了。

有一個漢奸背地裏對人説：「不當漢奸不知道當漢奸的苦啊，王八蛋再幹這種事！」他們不但經常被人罵，還可能被人打。有一天，難民區中捉住一個漢奸，憤怒的人你一拳我一腳，把他打翻在地，揍得他跪地求饒。可難民不饒他，一個勁地揍：「日本兵不讓我們活，你忘了祖宗八代了！」「打！打死這條狗！」費吳生怕真的把他打死引起更多的麻煩，便將這個打得半死的漢奸關進了國際委員會的地下室，第二天交給了中國警察。費吳生説：「可能要絞死他。」

死亡是利己主義者的最終結局，它不僅僅是生命的死亡。怕死的人失去了比生命更珍貴的東西。既然求生是人的本能，那麼怕死也是人的本能。

野戰救護處的一些人改裝後躲進了五台山的美國大使館，他們下屬的六個野戰醫院的人馬已經鳥驚獸散了。中午，司機王萬山急匆匆地跑上樓，向金誦盤處長報告：「剛才我在路上見到我們部裏的一個汽車夫，他説我們處裏的侯視察已經到自治會做官了，他改名叫何子文，人家都叫他何課長。」

金處長吃了一驚：「他在哪裏辦事？」

「鼓樓新村。」王萬山説。

淪陷後，留在南京的軍隊衛生人員除了梅奇牧師接收到國際紅十字會醫院的一部分，不少人都自找門路了。但金誦盤沒有想到的是，他手下的人竟會認敵為友，這實在太失國軍的面子了！但他又想，恐

怕不會吧，侯視察多謀善辯，又幾經戰事，可能搞錯了。他對王萬山說：「你打聽一下他住在哪裏。」

很快，王萬山又來報告了：「他住在頤和路五號，在自治委員會當了交通課的代理課長，課長姓趙。」

看來情況是確實的了。金誦盤很氣惱，當時沒有和傷員一起撤退，本想拼死堅守。淪陷了，身為國軍醫官，雖沒有執干戈衛社稷的力量，但怎能賣國求榮，辱沒祖宗！他想去見一見他，但又不願見他，覺得見一面這種人都是一種恥辱。

米吃完了。自治會的米由八元一擔漲到了十元五角，還要先繳款領票。款已經繳了好幾天，可米還是拿不到，已經向同住的胡先生借了好幾斗了。夜晚，幾個人聚在一起商議辦法。辦法只有一個：找自治會的人。

為了活命，金誦盤動搖了決心。他要汽車司機王萬山帶他去找「何子文」。

頤和路五號是一幢花園式的樓房。一按電鈴，有人出來開門。進入客廳，「何子文」不在。他在前面珞珈路十九號的趙課長那裏。

院子是相通的。公務員打開後門，他們走進去時，有個日本兵正在同趙課長和「何子文」談話。金誦盤和王萬山坐在一旁，靜靜地打量着這個穿過軍裝的侯視察。

送走了日本兵，何子文才不好意思地叫了聲：「處長。」

因為是趙課長的家，金誦盤不好多說，只是用嚴厲的眼神緊緊盯着他。何子文好像有許多話要說。王萬山講了請他買米的事情，他答應了。

走出門，一個熟悉的身影從身邊閃了過去。「這是誰？」處長問。

197

王萬山上前幾步去看了看：「好像是後方醫院的尤院長。」

「叫他一下。」

「尤院長！」王萬山不輕不重地叫了一聲。

路上沒有甚麼人。戴黑禮帽的人回過頭來看了一下：「金處長。」

尤院長也住在頤和路，他請他們到家裏坐坐。一進門，他就説：「這地方不錯吧，我和孫副會長住在一起。」

「哪個孫副會長？」

「孫叔榮。」

尤院長領着他們進了自己的房間，兩個美豔的女人端上了茶水。房間很華麗，鋪着猩紅色的地毯，上面是北斗星座式的吊燈，席夢思牀上蓋着兩條毛毯，大牀邊還架着一張小牀。

「這裏還有誰住？」處長問。

他紅了臉。「朋友，兩個女朋友。」他説，「我現在叫洪少文，跟着孫叔榮在自治會做事，處長有甚麼吩咐，小弟一定盡力。」

他們不再説甚麼了。

過了幾天，尤院長派人邀請金處長去寧海路的五福樓吃飯。金誦盤叫醫官蔣公谷一道前往。

尤院長 ——「洪少文」已在樓梯口迎候了。酒菜是豐盛的，紅紅綠綠十幾個盤子。南京名菜鹽水鴨鮮嫩可口，紅燒鵝香味誘人。酒是洋河大曲。桌子中間的大拼盤，是用各色葷素菜餡製成的「丹鳳朝陽」。

「來，處長，為我們大難不死乾杯！」尤院長不自然地笑了笑，站起來。

處長站起來：「死倒不怕，軍人以衛國為天職。自然，逃過劫難，

總是幸事。」三個人碰了下酒杯，都乾了。

幾杯下肚，尤院長興奮了，他說：「陶會長可是個好人，他搭救了我，也很賞識我。沒有他，說不定我早被拉到下關槍斃了呢！他準備叫我當自治會的衛生組長。處長，谷兄，你們要是想幹，我給陶會長說說，沒有問題。」

金處長憤憤地用眼睛盯着他。尤院長卻越說越得意：「做人要想得開，好死不如賴活。這次多少人成了刀下鬼，連屍首都找不到，可憐啊！其實，人活着，就是掙錢吃飯，給誰幹都一樣！」

金處長變臉了，他把酒杯重重地放下，說：「你可不要忘本，不要貪小惠而亂大節，以致造成終身遺恨！」

蔣公谷連連勸金處長息怒：「算了算了，回去再說，回去再說。」

金誦盤是江蘇吳江人，他一九二五年入黃埔軍校，第二年隨軍北伐幹醫務工作。淞滬開戰後，他組織戰場救護，眼見國土喪失，生靈塗炭，他和每一個有愛國心的人一樣，感到十分痛心。他恨日軍的兇殘，更恨搖尾乞憐的小人！作為曾經的上司，他覺得有權訓斥面前這個卑劣無恥的漢奸！

尤院長尷尬地低着頭，唯唯諾諾地應着，臉上一陣紅一陣白。

訓完，金處長長長地歎了一口氣，拉着蔣公谷起身就走。尤院長不知說甚麼好，呆呆地坐着，直至他們的腳步聲遠了。

「何子文」送米來了，他是開着車子來的。坐下後，他談了他當時危急的處境。他說，他過不了江，又找不到人，身上的錢又被人搶走了。因為沒有熟人，在日本兵的刀槍下東躲西藏。後來碰到這個姓趙的，才進了自治會，分管糧食運輸和有關交通的事務。「我是身在曹營心在漢啊！」他說。

199

處長問了他一些情況後，把他叫到樓梯下的一間小屋。插上門，講了立身之道，又曉以民族大義。末了，要他記住文天祥的兩句詩：「人生自古誰無死，留取丹心照汗青。」

他點點頭，握了握處長的手走了。

在敵人的旗幟下，甚麼人的日子都不好過，一個個提心吊膽，度日如年。有人傳說教導總隊的一個營長帶着一伙人明天要偷渡過江。金處長一聽，立即派人去聯絡。第二天一早，五個人出了水西門，好不容易在一家小理髮店見到了這位營長，他看了看大家，說：「今天人太多了，再說，你們的打扮不像小販和農民，明天再走吧。」

回來吃中午飯，剛拿起筷子，「何課長」來了。飯間，說起出城的事。他說：「乘車到上海的話，車證很難弄到，就是到了上海也難，日本人盤查很嚴，不如先乘車到無錫。乘車證我可以搞到，不過要花不少錢，你們八九個人，起碼要一百法幣。」

大家默默地吃着飯。吃完，又談起了這鐵蹄下牢獄般的生活，各人談着外面的見聞，談着各種各樣的苦難。

金處長喝了一口茶，一件件傷心事又引起了他的怒火，他大罵了一通日本兵後，又罵起了無恥的漢奸：「民族危亡，不但不捨身報國，反而認敵為友，出賣祖宗，還有何顏見人呢？喪失氣節，就是斷了脊樑骨！就不是站着的人，是四腳着地的狗！」他激憤了，從桌上抓起一隻茶杯，狠狠地砸在地上，「啪」的一聲，玻璃片四處飛濺。

誰都不敢吭氣。「何課長」惶惶不安地坐了一會兒，告辭了。

次日下午，他又來了。他從懷裏摸出九張乘車證交給處長：「你們走吧，我派車送你們。」

汽車來了，他沒有來，他怕見到他們。

共產市場

　　當下關和太平路開設了一家又一家的日本商店的時候，難民區內的上海路兩旁，搭起了不少草棚，爐灶和攤販擺了四五里地長！

　　世界上最頑強的是人的意志。刀砍火燒，也不可能滅絕。凡有生命的地方，一定會有生命的喧鬧。寫有歪歪扭扭的殘缺不全的中國字的日本商店，都不准中國人買東西，雖然裏面煙、酒、糖及日用品都很齊全。他們只有一樣東西向中國人開放——「白麵」和「黑貨」。白麵又名海洛因，黑貨即鴉片。出售這類亡國滅種的毒品，是不同刀槍又與刀槍一樣效果的屠殺！可也怪！有人去買，也有人上癮。更有人以此為職業，城裏三十元買的貨，到鄉下能賣一百元！

　　海洛因和鴉片是吃不飽肚子也暖不了身子的，要活命，就要有吃的用的。開始是偷偷地賣高價，紙煙五六元一筒，豬肉一元一斤。漸漸地，人越聚越多。於是，有了地攤，後來又搭了棚子。有了蔬菜、豬肉，後來又有了火柴、肥皂、棉布，再後來甚麼都有了！

　　為了生存，也為了對抗，中國的難民在冷冷清清、高高低低、彎彎曲曲的上海路上創建了一個熱熱鬧鬧、花花綠綠、歡歡喜喜的「共產市場」。這是生命的力量！

　　這裏全是國貨。青菜、豆腐、豬肉都是附近或江北農民偷偷運進城的。雖然價格高一些，但非常時期，民以食為天！其他東西就便宜了，西裝只兩元一套，沙發三元一套，狐皮袍子才十幾元錢一件，上等的俄國毛毯才三四元錢！好在要甚麼，就有甚麼。馬桶痰盂、碗筷碟子、茶壺茶杯、桌椅板凳，家庭日用雜物一應俱全。價格隨便

喊，買賣和氣，全沒有為爭一個銅板而面紅耳赤的場面。有一個人花三個銅板買了一把茶壺，走時，攤主還客客氣氣地關照一聲：「老闆走好！」

人的心境，是受環境影響的。苦難是一種催化劑，它強化了一種觀念：大敵當前，只有互相依賴互相幫助才能生存。它也起到了一種平時起不到的凝聚作用：「都是中國人，好說！」所以，「共產市場」上沒有爭吵，沒有搶劫，沒有偷盜。這裏的一切都屬於中國人，中國人統治了這裏的一切！這是鐵蹄下的一塊綠洲！

「共產市場」，這個難民們集體創作的名稱已經說明了它的性質。這裏的商品，除了新鮮的副食品和部分調劑餘缺的衣物舊貨外，不少是非法得來的。這裏的攤主，有的是小本買賣，也有的是無本生意——夜裏悄悄地出去搜索，白天在地攤上高聲叫賣。被日本兵搶劫過和燒毀了的商行、店舖、公館，都是無人之境。食品公司裏有吃的，百貨公司裏有日用品，棉布莊、雜品店、服裝店、五金店、醬菜店、茶葉店……每一家店舖裏面，多多少少總有些值錢的東西。連龍蟠里軍醫署倉庫內的印有紅十字的被單和枕套，也被人拿出來賣了。白布被單一元錢買五條，枕套四個銅錢一隻！這是不同於搶劫的自救。這是與搶掠相似的偷盜。這是特殊情形下的一種特殊行動。

這裏有許多特殊的事情。有一個人從地下掘出兩隻茶碗一樣大的沾滿泥巴的金碗。他以為是銅的，擺在地上賣兩毛錢。有個識貨的人一拿起來，就覺得很重，他用紙擦亮了一角，只見金光閃閃，就從口袋裏掏出兩毛錢，把兩隻金碗都買走了。在當時兵荒馬亂的年月，不少人為了生活，賣甚麼的都有。最可惜的是文物。六朝的、明清的瓷器，還有翡翠玉器、名家字畫。據當時人說，曾有趙子昂畫的馬、董

仲舒寫的字、仇英的山水畫、岳飛的手跡，還有陸潤庠、錢南園、唐伯虎及八大山人等名人字畫和古版《西廂記》等很多古書。當時人們只為活命，很多人不識貨，也沒有心思搜集文物，這就給日本兵碰上了運氣。說來也奇怪，不少日軍都懂得文物的真假。他們發財了。一個日本兵掏出四百元錢，拿走了一幅仇英的山水畫。後來，日軍帶着口袋和籮筐到上海路來掠奪文物，他們紅着眼一件一件地往口袋和籮筐裏裝，然後象徵性地給幾個錢，或者塞給你一把不能用的日本票子。攤主們手裏拿着這些鈔票哭笑不得，只好自我安慰：「算了，這些玩意兒也不能當飯吃！」

雄心不滅

如果把狹長的難民區比作一條風浪中的航船，那麼，與日本大使館相鄰的金陵大學就是迎風搏浪的甲板。甲板上有一根一百三十多尺高的桅杆，桅杆上升起了希望的風帆！

「九一八」事變使東三省變了顏色，日本帝國主義大規模地開始向中國炫耀它的武力。一九三四年黃葉如金的秋天，南京鼓樓西南角下的日本領事館，用鋼筋水泥砌造了一根與金陵大學北樓一樣高的旗杆。旗杆上，飄動着一輪鮮紅的太陽！

火球一樣的太陽刺痛了人們的眼，也刺傷了人們的心。金陵大學的熱血青年們激憤了：中國的土地上，決不能讓日本人耀武揚威！拿筆桿的師生們手裏沒有槍桿，他們有拿槍桿的人一樣的壯志和雄心。

校園的板報上，貼出了一張三十多人聯名寫的《金大從速砌豎旗杆啟事》。一紙啟事，喚起了千萬顆赤子之心。黃的銅板、白的洋錢、花花綠綠的鈔票變成了黃的沙子、灰的水泥、紅的磚塊和藍黑色的鋼材。沙子、水泥、磚塊、鋼材與熱血、壯志和雄心拌合起來，凝聚成了高出太陽旗十尺的摩天的旗杆。這是中國人的脊樑。脊樑支撐着一顆不屈的頭顱，支撐着萬里長江萬里關山萬難不屈的中國！

旗杆上的青天白日旗已經沒有了，但旗杆不倒。難民區的人日夜望着這根高入雲天的旗杆，盼望旗杆上升起自己的太陽。他們蓬頭垢面，頭髮長得像刺蝟似的。不是沒有理髮的人，是不願意理。有一個日本軍官問：

「你們為甚麼都不理髮？」

難民們説：「沒有心思理。」

於是，自治會出了通告，勒令理髮整容。但沒有幾個人聽。據説，這是古老的習俗：失土如喪考妣，蓄髮以示誌哀。含義極深。

他們在盼望。終於，天空中出現了中國空軍的轟炸機。機翼上那個藍白相間的徽章引起了千萬人的歡呼和激動。飛機在南京上空盤旋，尖利的呼嘯聲嚇得日本兵都躲了起來，有的急忙更換便衣，有的賠着笑臉鑽進了難民住的房間。而興奮的羣眾立即撕掉臂章，撕毀了懸掛在門口的太陽旗。

驚喜而驚慌的時刻過去了，國軍的轟炸機沒有投下炸彈。日軍虛驚了一場，但殺了他們的威風，從此，難民們不戴太陽臂章了。

十二月二十五日上午十點鐘 —— 日軍進佔南京的第十三天，全城響起了歡呼聲：「中央軍來了！」「中央軍進城了！」萬眾歡騰，奔走相告，街道上人潮洶湧，太陽臂章和太陽旗扔得滿地都是。人們都爭相

出來迎接自己的軍隊。

日本兵恐慌了，他們躲進了難民區，他們要求國際委員會保護。安全區委員答覆他們：「只要把槍枝繳到中央軍校，我們負責你們的生命安全。」日軍連連點頭。

這一天死了五個日軍士兵。據說，有五六名潛伏下來的國民黨軍決心復仇。這天上午，他們埋伏在中華路的一間地下室內，地下室有窗戶，可以看到馬路上的情景。步槍在窗格子上依託着。漸漸地，響起了一陣皮靴聲。過來了，五個日本兵押着四個中國人正從中華門進來，向內橋走去。

「叭！」「叭！」「叭！」一陣槍聲，一人一槍，日本兵全部倒下了。四個被抓的民夫驚魂剛定，好像明白了甚麼，又好像發了瘋似的朝城內狂奔高喊：

「中央軍來了！」「中央軍進城了！」

一呼百應。一個接一個喊，一路喊過去，羣情振奮！很快，由中華門喊到了難民區。有人不知從哪裏搞來了鞭炮，「咚——啪」的沖天炮，像機關槍一樣響的百子炮。日本兵一聽，以為中央軍真的進城了，有的扔掉了槍，有的脫掉了軍衣。難民區中躲藏的中國士兵，有的準備組織策應，但派人出去一偵察，才知又是虛張聲勢。

就在這天深夜，幾十個中國兵襲擊了日軍的一處軍官宿舍。槍聲和爆炸聲響成一片，這是仇恨的迸發。混亂的驚叫聲中，十二個日軍軍官被打死和打傷。日軍警備司令部瘋狂了，他們追捕到了近二十個中國兵。

這一天的襲擊使日軍膽戰心驚。當時，日軍攻城的大部隊已向江北和安徽進擊，留在南京城內的日軍只剩數千人。勢單力薄，思鄉

205

心切，加上城郊四周常有便衣隊伏擊，日軍士兵產生了一種恐懼感。他們身上帶有護身符一類的東西。有的換上便衣，出城向上海方向逃跑。有的日軍在半夜裏驚叫起來，他們夢見中國兵打進來了，便大聲呼喊：「中央軍來了！中央軍來了！」一個人喊，所有人都會跳下牀就跑，邊跑邊喊，黑暗中互相開槍。據說，這樣的騷動有好幾次。

就在日偽們興高采烈地在鼓樓慶祝自治委員會成立的一九三八年元旦這一天，十幾個在夫子廟飲酒的日本兵被便衣隊的手榴彈炸死了！沒有死的日軍流着眼淚說：「中央軍大大的有，我們回不到日本了。」這時，街頭巷尾盛傳着中央軍要反攻南京的消息。驚恐萬狀的敵軍隨時準備逃命，他們向自治會提出要一千套便衣。

穿便衣的中國兵發動起來了。據有關資料記載，教導總隊沒有撤退的官兵把埋藏的槍都挖出來了，他們在難民區內舉起了義旗。一共有幾百人，乘着天黑，他們如猛虎下山，一齊衝進了敵兵駐守的鐵道部，激戰的槍聲一直響到天亮。天亮了，日軍重兵包圍。暴動失敗了，幾百位勇士流盡了熱血。他們的姓名大多無從知道，其中有一位叫楊春，是第二救護總隊第二大隊大隊長。

他們是聳天的桅杆，他們是希望的風帆。

第十二章　傷痕不平恨不平

戰爭造成的災難是多方面的，醫治戰爭的創傷是艱難的。

八十年了，經歷過「南京大屠殺」的人們，至今心頭上都籠罩着濃重的黑雲，酷暑的驕陽和強勁的颶風都無法射透和吹散這鐵一樣的陰影。

心理是一道防線，生理的創傷也是一道防線。受害者們時時忍受着侵略者給予的痛楚，他們羨慕其他身體健康者能夠享受的肌體的自由和歡樂。

他們是傷殘者——日本侵略者的刀槍，給南京留下了許許多多殘疾人。

創傷刺痛着他們的心。

他失去了一半的光明

你找我好幾次了？找不到？我上茶館聽評話去了。一個人孤苦伶仃，無牽無掛，沒有地方走。一隻眼睛瞎了，逛街也看不清，模模糊糊一片。

講日本兵？日本兵壞東西！冬月十一進的城，來了就殺人放火要東西。我弟弟養了隻黃灰色的芙蓉鳥，連籠子一起拿走了，還要我給他送到水西門。

第二天上午八九點，我和老婆吃過早飯剛坐下。「砰砰砰」敲門，一開，一個掛腰刀的鬼子進來了，他望了望我，又招招手，要我跟他走。他推着自行車。過了下浮橋，不得了，馬路上躺着好些死人，李

府巷口魏洪興鴨子店燒得一塌糊塗。到了三坊巷電報局，門口掛了一塊大牌子，木板黑字：清水大隊。

日本兵要我進去。我怕，我知道這是他們的司令部，我不想進去。不行，非得叫我進去。

後面是個大花園。他突然說：「你的中國兵！」

我是夫子廟小吃店的廚師，我笑着說：「我的，良民。」邊說邊伸出手給他看。

這時來了五六個日本兵。兩個高個子，有鬍子的，一擁而上對我拳打腳踢：「不講的！講！」

講甚麼呢？我不是中國兵，怎麼能瞎說呢？打了我幾下，他們咕嚕了一陣，叫另外兩個鬼子去拎了一桶汽油來，要燒死我。

這時來了一個軍官，對他們搖搖手：「不行。」汽油拿走了。那個軍官也走了。

小鬼子又咕嚕了，我聽不懂。我縮在牆角裏揉被他們打痛的胸部。正揉着，兩個日本兵過來，一人一隻胳臂把我扭住，一個日本兵拿着一枝墨筆往我臉上亂畫一氣，我不敢叫，也不敢動，讓他們玩吧。嘴巴和眼睛裏也進了墨汁，另外幾個鬼子在旁邊笑！

這一招玩好了，又換了花樣。一個日本兵上來，用勁在我領口上扯，我的棉袍、大褂扣子都掉了。他在我身上亂摸了一通，又一把扯下了我的褲帶。旁邊兩個鬼子咕嚕了幾句，又過來一個人，把我的那根布條子褲帶往我脖子上一繞，一人一頭使勁拉，我被勒得又疼又喘不了氣。他們拉一陣子，放一下。拉到我要昏過去時，再放鬆一下。過了一會兒，就甚麼也不曉得了。

後來我感到耳朵嗡嗡響，慢慢地睜開眼，身上蓋了一張蘆蓆子，

第十二章・傷痕不平恨不平

看看旁邊，嚇人！都是死屍，橫七豎八的，一堆一堆像小山。這是後院。當時太陽偏西了，天還沒黑。我想，這怎麼辦？跑也跑不出去，沒得命了。正想着，來了兩三個鬼子，嘰哩咕嚕說着話來了。我趕緊閉上眼，憋住氣。一個鬼子掀開蘆蓆看了看，突然一皮鞋踢過來，很重。我咬着牙不敢動。疼啊！只覺得眼睛裏金光四射，忽然又黑乎乎的了。

他們走了。我鬆開牙，嘴裏吐出好多血。睜開眼，眼睛模模糊糊的，看不清。天黑了，前面院子裏燈光亮堂堂的。後院裏沒有日本兵，我爬過死屍堆，到了圍牆邊。牆邊有棵大樹，我想爬上去翻出圍牆，可爬了幾次爬不上。忽然看見樹下有兩隻糞桶，我把糞桶倒過來往牆邊一靠，兩腳踩在糞桶底，兩手往牆上一撐，用勁一躥上了牆頭。牆頭上插了好多碎玻璃，我也顧不得了，兩手血淋淋的，一下跳下去了，腳扭了一下。牆外面是高家巷，我一拐一拐地連忙躲進一間空房。揉了揉腳，又把灰色大褂脫了，擦掉臉上的墨和身上的血。

路上有鬼子的崗哨，我繞過他們，到了水倉巷我弟媳婦的哥哥家。我喊不出聲音來，敲了幾下門：「我是老二，金義！」

他們問我怎麼回事，我連連搖手，我講不出來。他們給我洗了洗，又吃了點湯飯，好了一些。但腳不能走了，腳脖子腫得老高。左眼眶腫得睜不開。躲了一個多星期，我才拄着一根拐杖慢慢摸回銅坊苑五號我的家裏。

我老婆小娣子一見我這副樣子，抱着我大哭了一通。

我的左眼後來就看不清楚了，過了幾個月就瞎了。日本兵踢了我一腳，害得我成了「獨眼龍」，還經常流眼淚。

我眼睛看不清楚了，心裏是清楚的。我的苦，我的恨，我對誰講？對誰都不講，我記在心裏。

他叫馬金義，七十九歲。白髮稀疏，兩眼迷濛。左眼白茫茫的似汪洋一片。他失去了一顆亮晶晶的黑寶石。

他孤身一人，無兒無女。相依為命的妻子在三十多年前就病死了。他是醃臘加工廠的退休工人，住在充滿香味、鹹味和臭味的賣醃肉、板鴨、皮蛋和鹵菜的工廠門市部樓上，是集體宿舍。他是老工人，用纖維板隔了七八平方米，雜七雜八地堆放了他這一輩子所喜歡的東西。

我去採訪的那天正是中秋，他一個人端着鋁飯盒扒着乾飯，不時喝一口玻璃杯中的茶水。一邊說，一邊抬起那蒙上了一層白霧的眼睛看看我。他不停地眨着雙眼，似乎想撕開這層霧幕。

很遺憾。他的眼裏，太陽不是圓的，月亮不是金的。他失去了一半的光明。

他失去了三個腳趾，不會跑，也不會跳

聽我奶奶和母親說，日本兵到南京時，我家逃難到江北九里埂。臘月二十一，母親生下了我。過了十多天，日本兵到九里埂去掃蕩。村裏人都跑了，我們家的人也急急忙忙跑了。只有我一個人睡在竹編的搖籃裏。天快黑了，日本兵不敢進屋，在門口朝裏邊打了兩槍，一槍打在我的左腳上，打掉了三個腳趾頭。

我哭了。奶奶沒有跑遠，聽見我的哭聲，邁着小腳跌跌撞撞地跑回來。門口還有日本兵。奶奶立即下跪，向日本兵求情。日本兵打了我奶奶兩個耳光！

第十二章・傷痕不平恨不平

奶奶把我抱起來，打開小被包一看，腳上全是血，像小蔥頭一樣的腳趾打爛了。當時兵荒馬亂，我媽不想要我了，說把我扔到江裏算了。奶奶說：「他是來投生的，不是來投死的。」結果把我留下了，但我的腳從此失去了三個腳趾，我從小不能跑，不能跳，兩隻腳一隻大一隻小！

他叫周文斌。長方臉上有一對神采飛揚的大眼睛。中等個，白淨臉，看不出有五十歲的年紀。

我見到他的那天恰好是星期日，一家人打扮得漂漂亮亮地正要出去遊覽。周文斌談了他殘疾的原因後，應我的要求，脫下鞋襪，露出了那隻畸形了的左腳：大腳趾以外的四個腳趾都沒有了，它們像乾癟了的紅棗萎縮成了肉瘤子一樣的東西。穿襪子時，他要把襪頭往裏摺一截才能穿鞋子。鞋子右腳大，左腳小。

採訪結束了，妻子和女兒們在巷口喊他快走。他只能一步一步地走。他想奔跑，他想跳躍，可他的左腳不聽大腦神經的指揮。他不會跑，也不會跳，一輩子都這樣！

魔鬼賜給他一條僵硬的手臂

你騎車來的？這麼遠的路。這裏叫南北中村，那時有二十戶人家，房子全給日本人燒了，死的死，散的散，老住戶現在不到十家了。

我家跑反跑到沙洲圩的青石埂，躲在當地一家地主的草房裏。日

本兵槍打了一天一夜，在我們東邊的毛公渡，子彈呼呼地叫，像過年放炮仗。

我們三天沒有吃飯了，母親出去給我們買東西吃。地主不讓我們住了，說：「日本兵要來放火了，快走！」

父親和爺爺回家背糧食去了，哥哥拉着我蹲在塘埂子旁邊，頭上頂一塊破的蘆葦蓆子。

母親回來了，她說：「要死了，怎麼趴在外面，快回去！」她一手一個拉着我和哥哥。進地主家的門還差兩步，「叭」的一聲，我手上一麻，叫了一聲「媽啊」就倒下了。媽媽也叫了一聲，坐在地上了。

那年我四歲，子彈從我的左臂拐彎的地方穿進又穿出，又鑽進母親的大腿。我的手臂和母親的大腿上全是血。我疼得直哭，哭得昏過去了。

過了兩三天我才醒來，那時哪裏去找醫生，父母親只好用破衣服給我包了包，又用一根繩子在脖子上和手臂上吊着。傷口先是又紅又腫，後來爛了，老流膿，父親天天給我擠，黏黏的，黃黃的，擠起來鑽心痛，我咬緊牙關。越擠洞越大，收不了口子，爛了，後來生了蛆，一條一條的白蟲子在傷口裏面爬，我疼死了，爛了一年多，爛了個大洞！我小小年紀就吃了大苦頭！

後來安定一些了，父親背我到長樂路醫院，老醫生講：「來遲了，不然骨頭可以接起來，現在沒有辦法了。」這一槍打碎了我手臂裏的骨頭。醫生把碎骨頭夾出來，又塞上藥，才慢慢地好了。

好了也沒有用了，你看，手不能伸直了，也不能彎曲。傷了筋，五個手指頭只有大拇指會動，其他四個都死掉了，這條手臂也死了。哦，你看，比右手細一半，跟七八歲的小孩差不多粗。

我全靠右手了，幹甚麼都只有一隻手用勁。不方便？當然不方便。挑副擔不能換肩，鋤地也是一隻手，以前幹活記工分，我只能拿七分，損失有多大。

我母親？我母親運氣好，子彈鑽進她的大腿，沒有傷着筋骨，從內側穿出了。爛了一個指甲大的洞，沒有啥影響。就是我苦。

苦了這麼多年了，人也老了，苦頭吃夠了，不提它了。

他叫王子華，住在南京南郊的花木大隊。花木大隊種了好多的花，我是在花團錦簇的苗圃裏見到他的。

他瞇縫着兩隻細細的眼睛，理一個平頭，頭髮花白了。額上有幾道波浪形的皺紋。他是個小個子，不善言談，一個老實忠厚的農民的形象。我見到他的時候，他右腋下夾着一個糞勺，正用一隻右手在花圃中澆水。大紅的扶桑花、雪白的茉莉花、芬芳的珠蘭和金色的薔薇花把這片紅土丘陵地裝點得如詩如畫。一切是那麼美好。只有王子華那隻僵硬成直角的左手臂，顯得極不自然極不協調。

她成了風浪中一艘顛簸的船

我家是菜農，一直住在這個武定門城牆下。日本兵攻南京就是從這裏攻進來的。那年我十八歲，生第二個丫頭。男人啊？男人是招進來的，跟我姓，姓彭，我娘只生了我們姐妹倆，招個男人進來撐門戶。男人比我大十一歲，他也是苦人，也種菜。

冬月十一上午十點多鐘，我生女兒兩個多月了。尿布多，天冷不會乾。媽媽年紀大了，她說她去洗：「你年輕，不能出去。」我說：「我去洗。」我男人正生病，臉腫得吃不下飯。他說：「外面子彈在飛，當心。」

　　我端着木盆到屋後的塘裏去洗。子彈呼呼地叫，我也怕。過了一會兒，穿黃衣服的日本兵從城牆上翻下來了，邊開槍邊「啊啊」叫。我一看嚇得連忙站起來就跑。剛跑，「叭」的一槍打來，子彈從我的右腿骨上穿過，我倒下了，木盆和尿布都翻在地上。走不了啦，日本人過來了，我不敢喊，就咬着牙在地上滾，朝家裏滾。父親從窗戶裏看見了：「丫頭打倒了！」

　　父親連忙從家裏跑出來，把我背回家裏。棉褲、夾褲上全是血，我穿的破布鞋裏也灌滿了血，父親扶我躺在地上的稻草上。

　　日本兵進來了，哇啦哇啦地說話。我怕得曲着身子，疼都不知道了。有個日本兵用皮靴踢我：「花姑娘！花姑娘！」

　　我給他們看褲上的血。另外一個日本兵擠進來，給我在槍打傷的地方塗了一些藥水。

　　流了很多血，後來又長膿，腫得老高。我整整躺了三年，三年不能下地。我的小孩滿地跑了，我還不會走路！

　　子彈打在這裏，你看，膝蓋下面一點。疼啊，我一直蜷着睡覺，後來結了疤，這隻腳就伸不直了。怎麼辦？用一根木棍子像壓餛飩皮子一樣地在上面慢慢滾，慢慢搓，再用拐棍撐着一步一步地扶着走。走一步，疼得冒汗！後來就這樣一瘸一瘸地走。幹不了事，一桶水也不能拎，空着手走到夫子廟都腳骨疼，躺下來要一點點慢慢地伸直，坐着要用凳子攔着才好一些。日本兵這一槍害得我受了一輩子的罪！

她一拐一拐地朝我走來。在這古城牆下，還保存着這幾排矮小的泥牆平房，這是歷史留下的陳跡。它伴着她同經歲月的風雨。她要用雙手撐着門框才能艱難地邁進門檻。

她叫彭玉珍，六十八歲。黧黑粗糙的皮膚和滿臉的皺紋，記載了她的勤勞和辛酸。她把右腿擱在板凳上，一次又一次抹去眼角的淚花，向我講述她苦難的一生。

她說，五十年了，許多人喊她「瘸子」。她的淚水只能往肚裏流，她不能罵他們。有人問：「老太太，你的腿怎麼搞的？」她只是輕輕地回答：「日本兵打的。」

1937 年，南京記憶

第十三章　荒野孤魂

這也許是中國歷史上空前絕後的一幕：一條街道上面對面的兩座樓頂，飄揚着兩面大同小異和小同大異的旗幟。

寧海路五號國際委員會宮殿式的大屋頂上，插的是黑卍字白圈紅底色的德國法西斯納粹黨黨旗。國際委員會斜對面的二層青磚樓頂，飄動着一面世界紅卍字會南京分會的白底紅卍字會會旗。兩旗遙遙相對，彼此頻頻呼應。在這個特定的時間和特定的地點——一九三七年十二月的南京，象徵世界上最恐怖的「卍」和天底下最慈善的「卍」竟然手挽起手，人性並不完全依附於政治。

用納粹黨黨旗作為國際委員會的旗幟倒不是因為國際委員會主席拉貝是德國人，第二次世界大戰中，西方的希特勒和東方的日本帝國主義結成了侵略和屠殺的法西斯同盟。盟國對盟國，事情總要好辦一些。至於紅十字會會旗上的那個「卍」字，原是佛教始祖釋迦牟尼胸前的一個符號，表示「吉祥萬福」和「吉祥萬德」的意思。佛教流行於世界，世界需要「萬福」和「萬德」，以人道主義為宗旨的全球性的慈善團體就選中了這個不帶任何政治色彩的卍字作為自己的標記。

有黑色災難的地方就有紅色的卍字。魔鬼降臨了南京。南京的大街小巷，橫七豎八地躺滿了萬物之靈的軀體。他們的靈魂飛上了茫茫的長天。他們來自泥土，他們要回到泥土中去。大地是母親。

宣揚皇軍「武威」的槍還在響，「畏服」了的中國人的血還在流。僵硬了的屍骸和未寒的肉體，一齊曝棄在寒風和雪野中。野狗吞食着五臟六腑！人是獸最好的食糧。

日本大使館的特務安村三郎在日本兵的簇擁下來到國際委員會。他在美國留過學，他懂英語，可他偏用日語和國際委員會的委員們交涉。他是勝利者。

南京紅卍字會在掩埋屍體

　　他是奉命來的，他要辦兩件事。一是要國際委員會負責立即清理馬路上的屍體。因為松井司令官要在十二月十七日舉行入城儀式。二是安村三郎本人也必須加入國際委員會任委員。委員們立即舉行會議。在這個時候，德國人、美國人、英國人都必須尊重和服從勝利了的日本人。當時決定：安村三郎為國際委員會委員，但中國方面因為杭立武先生運送文物西行，應同時增加紅卍字會副會長許傳音加入國際委員會任委員。清理死屍的事，由南京紅卍字會和民間慈善團體崇善堂共同負責。在清除以前，須由國際委員會派人與這兩個團體聯合視察一次。

　　情況非常之糟。城內馬路、街巷上堆滿了車輛、行李以及亂七八

糟的物品，屍體遍地都是，加上秩序混亂，無法招僱人員進行掩埋。

安村三郎的態度非常堅決：「清理積屍必須立即進行，否則，皇軍司令部是不會答應的！」

關於人員和安全問題，他答應由他與日軍交涉。交涉的結果是：人員從難民中招僱，收埋隊員發給白袖章，袖章上加蓋日軍司令部的大印。他說：「安全問題可以保證。」

沉重的卍字

高瑞玉正跪在菩薩面前燒香磕頭，忽然有人來通知他：「陶會長找你有事。」

「甚麼事？」他問。

「埋屍的事。」來人回答。

自治會會長陶錫三向紅卍字會的人傳達了日軍命令後，對高瑞玉說：「多招一些人來，快點埋。撥給你兩千包洋麵粉，到三汊河麵粉廠去拿吧。」

高瑞玉是從山東流浪到南京落腳謀生的。為了混飯吃，他幹上了掩埋死人的行當。他住在小火瓦巷的紅卍字會裏面。這是一座大戶人家捐出來的六進大院，堂屋正中，供着關公、觀音和彌勒佛，天天燒香點燭，他天天磕頭跪拜。直到十二月十三日日本人進了城，紅卍字會的其他人都躲進了難民區，他還是不走。他說：「菩薩不走我不走。我一走，菩薩沒有人侍候了。我信菩薩，做好事沒有危險，菩薩會保佑的。」

日本兵衝進了紅卍字會，他跪到關公菩薩前燒香磕頭。五六個日本兵跟着他，他跪下祈禱，日本兵也一齊跪下祈禱。

一看他平安無事，附近的男女老少也到紅卍字會來避難了，有好幾十個。

高瑞玉把幾十個人集合起來：「紅卍字會有事情幹了，跟着我去埋屍，有吃有住，每月六塊大洋零花！」

他招了三四十個人。隊長是歐陽都麟，瘦瘦的，留八字鬍，五十多歲的一個老頭。靠着高瑞玉在紅卍字會的關係，他的弟弟高瑞峯分到金陵大學難民收容所的粥廠裏賣粥，兩個銅板一勺，沒有銅板也給。紅卍字會是慈善團體，救苦救難。高瑞峯一邊賣粥，一邊宣傳：「紅卍字會招工！埋死人，發糧食，頂工錢，誰去？」

「我去！」十七歲的左潤德說。

「你怕不怕？」

「我不怕！」

歐陽隊長也在到處招人。炸過彈藥庫的袁存榮也參加了掩埋隊。他是安徽人，南秀村的，安徽會館邊上都是死人，他看不下去：「中國人給日本人活活殺死了，死了還不能安生！」

保泰街首都員警廳開車的徐金德和外號叫「小廣東」的兩個駕駛員，各人開着白色的救護車和黑色的囚車找到了紅卍字會：

「我們來運屍體，要不要？」

「正缺車子拉呢，要！要！」

掩埋隊的人都穿起了藍褂子，藍褂的前胸後背上縫了一塊圓形的白布，白布上印有一個鮮紅的卍字，藍色大簷帽的頂上也是一個紅卍字，連手臂上也套有白布的紅卍字臂章。收屍、掩埋、運輸各有分

工。寧海路是紅卍字會總部，小火瓦巷和下關都有分部。

南京另一個民間慈善團體崇善堂也組織了掩埋隊。開始人不多，有的怕擔風險，有的怕見死人。馬車夫崔金貴因為無錢養家餬口，正碰上茶館老闆金通亮，他是個抬死人的「碼頭」。

「你傷好了沒得事幹，抬死人去。」金通亮勸他。

崔金貴説：「我膽子小，怕死人。」

「怕啥？幹久了就不怕了。去！」

崔金貴進了崇善堂，與紅卍字會不同的是白布上寫的是「崇善堂」三個黑字，黑字上蓋一個長方形的朱紅印章。

儘管像抓壯丁似的招僱夫役，可馬路上的死人太多了，都要拉到城外去掩埋的話，一時來不及。而日軍司令部催促「恢復交通」的命令一個接着一個。

死人一個接着一個地疊起來。先從馬路上抬到巷子裏，沿着牆壁往上垛。鼓樓一帶屍體最多，南面的雙龍巷和石婆婆巷都疊起了高高的屍架。野狗、野貓和老鼠在屍堆中覓食做窩。一到夜間，犬吠貓叫，陰風淒淒。

城內的池塘大多被屍體填平了。山崗和荒地上也堆滿了街上抬來的屍體。二條巷口的大北山，曾被人叫作「屍山」，大鐘亭、大方巷和江蘇路的水塘，都被人叫作「血塘」。

塘填滿了，巷子裏垛不下了，山上山下埋滿了死人，而中山路和中央路上還堆積着無數的屍骸。日軍的卡車和工兵也出動了，卡車裝着成千上萬冤魂運到了五台山。一堆一堆的死屍被潑上了一桶一桶的汽油。火焰沖天，濃煙滾滾。血和肉在「嗞嗞」地慘叫。千千萬萬無辜的中國人，化成了煙，化成了灰。

遠方的鼓聲

一九八七年四月十八日晚上，千家萬戶的熒光屏像萬花筒般變幻的時候，南京市淵聲巷三十六號樓上，一對退休老夫婦像往常一樣，一人捧着一隻茶杯，戴着老花鏡凝視着他們十二寸的黑白屏幕。

屏幕像魔方般地變換着各種各樣的圖像。突然，老先生徐金德驚叫了一聲：

「日本和尚！他怎麼到南京來了！」

老伴吳素君定神地看着屏幕上在擊鼓祈禱的老和尚：「是不是他？」「像！瘦瘦黑黑的，他來幹甚麼？」

電視台的播音員用渾厚的男中音向提出疑問的徐金德老人解釋着：

「昨天上午，日本第二次悼念南京大屠殺受害者植樹訪華團一行七十九人，在侵華日軍南京大屠殺遇難同胞紀念館的廣場上舉行悼念活動，對當年遇難的中國人民表達深切的悼念之情……」

徐金德歎了口氣：「五十年了，這和尚恐怕有八十多歲了吧。」

「你都快八十歲了。」老伴說。

「我們也去悼念悼念，明天去。順便問問這個和尚走了沒有。」

我和他們巧遇了，在遇難同胞紀念館的辦公室裏，他問起那個日本和尚的事。

副館長段月萍從櫃子裏拿出一本精美的相冊，相冊裏，透明塑料膜下壓着好幾張發黃了的照片。她遞給徐金德老人說：「你看看，這是他送來的。」

白髮童顏的徐金德接過來，戴上老花鏡一看：

「司提別克！我的車子，就是這一部車！老和尚，是他，就是他！他坐我的車！」

他激動了。五十年前的照片勾起了他五十年的悲哀，他激憤地講述着，我按下了錄音機上紅色的鍵。

看，這輛白車子就是我開的，開着這輛車拉屍體，拉了半年多。車子上有紅卍字，照片上能看出來。你們看！

這輛車原來是我們警察廳的救護車，我開到紅卍字會去，就拆掉了擔架。小廣東開的是這一部，黑的，是囚車，抓犯人的。小廣東不知還在不在。

這個日本和尚就坐我的車，他是中島部隊的。每天吃過早飯他就來了，到寧海路國際委員會斜對面的紅卍字會，我車停在那裏，他手拿一面像茶盤一樣大的鼓，咚咚咚地敲幾下。他叫我「天文修（日語，即司機）」，他就坐在我的駕駛室裏。

他個子不高，不穿和尚衣，穿一件皮衣，頭上紮一頂灰布帽子。我們拉死人出城，由他給城門口的日本兵說幾句，就能開出去，沒有他，車開不出去。

紅卍字會有不少人，有個山東人老高，見了面我認識。還有個大黑個子，拉黃包車的，圓圓的臉，他跟我的車時間長一些。那時只圖活命，看着這麼多死人，哪有心思互相說話。忘了，大多數人都記不得了，死得差不多了。

我的車能裝十幾二十幾個。開始還好，天氣冷，一個死屍一張蘆蓆一捲，用繩子或電線中間一紮，抬到車上。路上死人多，忙啊，來回拉。

抬甚麼地方的？陰陽營、朝天宮、寶塔橋，扒江門這個地方最多。都拉，車子到處開，拉到雨花台、花神廟去埋。

後來蘆蓆不多了，兩個死人、三個死人合一張，捲起來一捆，丟到車上就算，來不及了。那個日本和尚有時下車，看一看，咚咚咚地敲幾下鼓，嘴裏咕嚕咕嚕地唸經。甚麼意思我也搞不清。

後來天暖和了，屍體臭得要命。我受不了，我老婆給做了個十八層紗布的大口罩，她在鼓樓醫院當護士，有紗布。後來，那個口罩也不行了，臭得厲害。死人都爛了啊，收屍的一人一個鐵鈎子，一人多長，手指粗，頭上彎彎的。你不知道，一拉，肉就一塊塊往下掉。以前蘆蓆上捆一道繩，後來捆兩道，最後要捆三道，怕掉出來。池塘裏泡着的屍體像爛魚一樣，一鈎就散。「鈎不成了！」「算了，鈎不成了！」

還有小巷子裏的，我的車開不進去，爛了的，個別的，就地挖個坑，埋了。那時城內空地多，隨便甚麼地方挖個坑一埋就行。

說出來你不相信，一天下來，我的車子上到處都是蛆。死人爛了，長蛆，到處爬。連車窗玻璃上都是，白白胖胖的，一扭一扭地動。我的身上、衣服上也不少。車一天兩次用水沖。一回家，衣服先到門外抖幾下，把蛆抖掉。慘啊！

黑龍江路，中央門上坡那個地方，老早是日本兵養狼狗的，那裏的狼狗咬死我們不少人。哎，那個日本和尚叫甚麼名字？宮大山？二宮大山。哪個山？日本山妙法寺。他走了沒有？走了。以前？以前我沒有同他說話，他是日本人，我是中國人，我同他講甚麼？不囉唆！

第十三章・荒野孤魂

見聞錄 —— 左潤德：

敲鼓？有的。埋屍時有時候日本和尚敲幾下鼓，敲起來陰森森的，怕人。怕死人？死人有甚麼好怕的！死人也是人，就差一口氣。我幹了一個多月，是難民區賣粥的人招我去的。我收屍都在城南，這一帶有一百多。剖肚拖腸的看得多了，中華門、光華門到處都是。一輛車上三個人，兩個小工，收一個記一個。一個死屍一張蓆子兩根繩，一捲一紮就完了。江東橋是國民黨軍隊撤退時炸的。日本兵過河，就用屍體填。汽車一開，往下塌，又加上土。橋下全是屍體，數不清。

見聞錄 —— 袁存榮：

我收屍在城北一帶，幹了兩個月光景。我們安徽會館的南秀村那裏埋了不少，是挖溝埋的。挖一人多深，兩丈多長，一人寬，挖了四條溝，全填滿了。五條巷，就是雲南路那邊，以前有三個水塘，死屍滿滿的。現在寧海路百貨公司那塊兒，當年也是個塘，死人埋滿了。北京路四條巷邊有山，山上挖了兩個大坑，一個埋滿了，還有一個坑沒有滿。

我還救活了一個人。那人姓劉，也是安徽人，比我小一點。就在中山北路上，他被日本兵砍了七刀，還有氣，他也是工人，我認得的，他住下關獅子山下面。我一看有氣，就同另外人把他抬到鼓樓醫院去救。嗨，後來活了，該他的命好！

見聞錄 —— 崔金貴：

我是崇善堂掩埋隊的。南京除了紅卍字會、崇善堂是慈善團體

外，還有同仁堂、公善堂，都是埋死人的「碼頭」。沒聽說過？你多大？你當然不知道！

我第一年埋屍在漢中門外，挖坑，順着河邊挖。坑上搭木板，拉來屍體都往坑裏扔。死屍沒有完整的，一個頭，一隻手，一條腿，用鐵鈎子鈎的，一塊塊扔進去。臭啊，臭得吃不消！都是槍打死後又用火燒過的，黑乎乎的像木炭。第二天我叫老婆做了個口罩，口罩外面再抹上萬金油，這樣氣味稍微小一點。但也不行，我受不了，回家飯都吃不下。幹了三天，我對隊長說：「給我換個地方。」隊長給我換到二道埂子，那邊有個全華醬油廠，現在是第二製藥廠。不得了，醬油缸裏盡是死人。廠裏有個一間房子大的大鐵桶。裏面的死屍都鹵過了，血紅血紅的，像醬鴨醬肉的顏色，臭味小一些，我們二三十個人撈了三天。裏面男女老少都有，也有當兵的，老百姓佔大多數，看到這副慘相，我不忍心，我不幹了！

見聞錄 —— 高瑞玉：

雨花台的墳山都是我埋的，現在還在嘛，那地方以前叫憲兵操場。一個墳山埋千把人，你算算，百十米長，三米深，一個人寬，十個人一垛，正好一千人一個坑。我們那個隊埋了一個大墳、兩個小墳，有一個小墳堆埋的是女屍。每天早上去，晚上回來，我們隊有四部車子，工人不少是江北招來的。收屍的滿城都收，汽車上有白布紅卍字旗子，墳山埋人時也插上卍字旗。我們埋了幾個月。我管理屍的，每天埋了多少，用自來水筆記下，回來報告給帳房。帳房叫周建玄，大個子，胖胖的，今年活着的話有九十多歲了。

屍體大都爛了，有的在防空壕裏，有的在路邊，都是槍打死、刀

227

刺死的。很多不成個兒了，一鈎膀子、腿掉了，臭得屬害，我卻聞不到臭，也不生病，奇怪不奇怪？

怎麼埋的？先挖好坑，坑上架着跳板，拉屍車一來，鈎子鈎，蘆蓆捲，十個一排垛起來，一排一排垛過去，上面堆上土。有時候日本和尚來唸經敲鼓。

日本兵也有來幫忙掩埋的，是工兵部隊，人不多。他們膽子大，來發洋財。屍體身上到處摸，摸出手錶、鋼筆、金戒指、大洋、鈔票，都往腰包裏裝。人死了，本來要燒紙錢，給他們到陰間裏用。日本人連陰間的錢也不給他們帶到地下去。人爛了，死屍身上的銀洋錢變成黑色的了，鈔票顏色淡了，還有一股臭味。市場上流行的這種鈔票叫作「臭票」。後來不少中國同胞也在死人身上發洋財。板橋有一件事很慘，一個國民黨兵打仗死了，他的綁腿帶裏面有錢。有個中國人正在摸的時候，公路上來了日本兵，那個人心狠，他拿起刀，把這條腿砍下後背了就走。這是一條士兵的腿，士兵保不住國土，連自己的屍體都保不全。人心變了，變邪了！變狠了！

那時東西多，從中華門到挹江門一路，汽車、自行車、皮箱、大衣、皮鞋、包袱，甚麼都有。我不眼紅，跟我的人都不准彎下腰。我對他們說：「這個年頭，我們自己的命還不知在哪裏，要這些不義之財幹甚麼？」

下關碼頭死人堆得比車高，那裏屍體最多。都是男人，女人小孩兒很少。南京各個掩埋隊合起來埋屍有十幾萬。

紅卍字會就是發慈悲善心的，見死要救，見難要助，像如來佛、觀音娘娘那樣。國民黨的飛機把日本飛機打下來了，打下好幾架。有八個日本人炸死了，我收的屍，我把他們在中華門外面找一個地方掩

228

埋了。後來日本人來找屍骨，我領他們去挖的。他們給了我四桶汽油。人家死在外面，家裏人要惦記的。葉落歸根，入土為安。做人要行善積德，要對得起自己的良心，對不對？

　　這位八十一歲的老人坐在枝葉繁茂的大泡桐樹下，不緊不慢地向我講述着這一切。他是南京大屠殺的歷史見證人。他指指點點地領着我到小火瓦巷的紅卍字會舊址：「現在改為學校了，舊房子拆掉了，年輕人都不知道了。」

　　他追憶着往事，雖然那是久遠了的歲月。他品味着，那悲哀和辛酸，不僅僅屬於他和他那個時代。

　　我帶着十幾張荒野亂墳的照片，按圖索驥地在四郊尋覓萬千冤魂的安息之地。我想獻上一束花，獻上一片情，以表達對死難者的哀思和祭念。滄桑變遷，大江東去。墳堆沒有了，石碑沒有了，一切都埋沒了！

　　只有江東門遇難者叢葬的地方，黑色大理石構築成的「屍骨陳列室」裏，萬千白骨和萬千亡靈仍在向人們呼號！層層屍骸中，被子彈擊碎的大小不一的頭骨，被軍刀砍裂的長短參差的腿骨，以及一個又一個空蕩蕩的胸腔，一齊在黃土中哭泣，他們在控訴！他們在説：「記住我們！記住我們！」

第十四章　歷史的審判

正義之聲

掛着太陽旗的驅逐艇開足馬力向下游衝去，艇尾那高高的浪花在長江中留下了長長的航跡。

費吳生鬆了一口氣，《紐約時報》記者德丁、《芝加哥每日新聞》記者斯蒂爾、路透社記者斯密士和派拉蒙影片公司的攝影師孟肯都隨艇到上海去了。他送走了他們。他們離開了這個魔鬼統治的地方。

今天是日本兵進城的第三天。這是充滿罪惡和恐怖的三天。費吳生已將他耳聞目睹的日軍暴行寫信託記者們帶到上海去了，還有貝德士博士寫的一封信，他們要將日軍的暴行告訴美國友人。

記者們目擊了這恐怖的情景。職業道德促使他們真實而客觀地記錄了一切。他們將以事實和良心公正地評價一切。雖然日軍嚴密地封鎖和檢查一切對於他們不利的報道，但聲音是鎖不住的。

電波飛越重洋，傳到了美國最大的城市紐約。僅僅三天，一九三七年十二月十八日，《紐約時報》發表了記者蒂爾曼‧德丁有關侵華日軍南京暴行的目擊報道：「十五日，外國人看了市內很多地方，所有街巷都有平民的屍體，其中有老人、婦女和小孩。」這一天，德丁三次目擊集體屠殺的情景，「有一次是在交通部防空壕附近，日本用坦克炮對一百多個中國俘虜開炮屠殺。」德丁把十五日在下關碼頭上艇前看到的一幕也寫進了他的報道：「我從下關登船赴上海前，曾在江邊馬路上目擊二百名中國男子被殺，只花了十分鐘。日本兵命令這些男子排成一列，一一加以槍殺。然後許多日本兵拿着手槍在屍體周圍轉，還用腳踢。有手腳還會動的，就再補一槍。他們還叫停泊在江邊的日本海軍

艦上的官兵來看。日本的陸海軍官兵看着中國人的屍體，竟感到非常有意思。」

美利堅的公民震驚了！在上海的美國人同時接到了費吳生和貝德士的報告：

「日軍進城的兩天之內，整個的希望幻滅了。連續不斷地屠殺，大規模地、經常地搶劫，侵擾私宅，侮辱婦女，一切都失去了控制。外僑目睹街道上堆滿了平民的屍體……這暴行實在是無可辯解的，非常殘酷，簡直是野蠻人的舉動。」

「我們每天向日本使館去抗議，去呼籲，並且提出日軍暴行的詳細報告。使館人員還保持着表面上的禮貌，實則他們毫無權力。勝利的皇軍應有酬勞，那酬勞就是隨意擄掠、屠殺和強姦，以不可想像的野蠻殘酷的暴行，加諸他們公告世界專程來親善的中國人民，日軍在南京的暴行，毫無疑義是現代史上最黑暗的一頁。」

英國《曼徹斯特衛報》駐華記者田伯烈將他耳聞目睹的日軍暴行擬成電文，但是，上海外文電報局的日本檢查員不但不給發出電報，反而扣留了他的新聞稿，理由是內容「過於誇張」。幾次交涉，都沒有結果。站在正義、公理、和平和文明立場上的澳大利亞人田伯烈，是英國很有聲望的新聞記者，他熟悉遠東各國情形，他沒有退縮。三個月後，他從最可靠的各方面搜集到了大量的日軍暴行紀錄，編輯成了《外人目睹中之日軍暴行》風行於世界。

日軍的暴行通過各條途徑傳遍了世界。世界震驚！大海與江河一齊怒吼！

美利堅合眾國總統羅斯福發表演說，號召美國人民募捐一百萬美金，救濟中國難民。美國學生舉起了森林般的手臂，全美學生大會作

出決議，要求美國政府以集體行動反對日本的侵略，援助中國。美國紅十字會會長達維斯忙壞了，他在密西西比河兩岸奔走呼號，為中國的難民和傷兵呼籲！

英吉利海峽掀起了反戰的波濤。信奉基督教的英吉利人，對反人道的日本帝國採取了措施。英國總工會和工黨執行委員會及其他勞工團體一致決議抵制日貨。倫敦各商店懸掛起了「本店不售日貨」的大字招貼。可愛的學生們穿着印有「勿買日貨」的背心在鬧市遊行。米特斯勃魯碼頭工人拒絕替日本輪船裝運生鐵，日本的巨輪只好空載而回。

塞納河畔的巴黎飛機製造廠來了興致勃勃的日本政府代表團，這些趾高氣揚的政府首腦是來參觀的，可法蘭西的兩千五百多名工人卻停止工作，抗議日本對中國的暴行。法國外交部長說：「整個法蘭西民族熱望着中國民族刻苦勇敢的精神。」

風景優美的日內瓦湖畔舉行國際反侵略運動大會。會議開始時，二十一個國家的代表和二十五個國際性團體一齊肅立，向苦難深重的中國致敬！

伏爾加河兩岸的人民伸出了友誼之手。蘇聯紅十字會捐助了三十三萬元為中國傷兵及難民購買藥品。伏羅希洛夫元帥發表聲明：蘇聯軍隊與人民都絕對地同情中國，並祝中國抗戰最後勝利！

恆河漲水了。印度國民會議的領袖們舉行了「中國日」，中印人民聯合示威。著名詩人泰戈爾發表了反對侵略的宣言。

世界名流站在歷史的潮頭。愛因斯坦、羅素、杜威、羅曼·羅蘭等學者領導的「援助中國委員會」進行了反日援華活動。

荷蘭、瑞典、意大利、菲律賓……和平的浪潮在四海澎湃！

興論的力量就是人心的力量。日本政府迫於世界正義力量的壓力，一九三八年春天將松井石根及其部下近八十名將校召回國內，自然，這是掩人耳目的把戲。松井從軍界加入了政界。對於日本帝國來説，政事和戰事是一回事。

惡魔的末日

一九四二年一月十三日，泰晤士河畔英國倫敦的一座尖頂大樓裏，法國、比利時、捷克、希臘、荷蘭等國家的政府首腦聚集一起，他們縱論時勢，伸張正義，謀求世界和平的途徑。末了，發表了一份懲治戰犯的宣言。這是第二次世界大戰期間，和平的人民第一次提出懲辦法西斯分子的國際宣言。

第二年，中國、英國、美國的代表來到尼羅河邊金字塔的故鄉。時令雖是十二月，赤道線上的非洲國家仍然綠蔭森森。亞洲、歐洲和北美洲的三國代表在開羅舉行會議，發表了著名的《開羅宣言》。宣言説：

「三國之宗旨，在剝奪日本自一九一四年第一次世界大戰開始以後在太平洋上所奪得或佔領的一切島嶼。在使日本所竊取於中國之領土，例如東北、台灣、澎湖列島等，歸還中國；在相當時期使朝鮮自由獨立；堅持日本無條件投降。」

艱難抗戰中的中國軍民受到了極大的鼓舞。偉大的抗日戰爭進入了反攻階段。

又過了一年——一九四四年三月十九日，中國、美國、英國、

235

法國等十六個國家的代表在英國首都倫敦成立了聯合國戰罪審查委員會，帝國主義的脖子上套上了死亡的絞索！十一月二十九日，聯合國戰罪審查委員會遠東及太平洋分會設於我國重慶，中國的王寵惠博士任分會主席。被奴役的中國人成了正義的法官。

法西斯分子的末日到來了！與日本作戰的各國政府代表，在古跡如林的德國波茲坦的一張大圓桌上發表了《中美英促令日本投降之波茲坦公告》。一九四五年七月二十六日，是使日本帝國顫抖的日子。三國宣言明確提出了日本投降的條件：剷除軍國主義；對日本領土進行佔領；實施開羅宣言的條件；解除日軍武裝；懲辦戰爭罪犯；拆除和禁止軍需工業等等，並明確宣佈：「對一切戰爭罪犯應受嚴正之裁判。」公告指出：「我們無意奴役日本民族或消滅其國家，但對戰罪人犯，包括虐待我們的俘虜在內，將處以法律之裁判。」蘇聯政府贊同這一公告。

這是正義的宣言！八月十五日 —— 半個多月後，日本天皇宣告投降。然而，近衛師團造反了。在調動憲兵來到廣播協會的大樓以後，拒絕投降的近衛師團的死硬派畑中少佐舉起手槍對準自己的前額開了一槍。一個叫椎崎的人往自己的腹部捅了一刀又開了一槍。十二時整，日本列島被淚水淹沒了。天皇的聲音使每個日本人感到無地自容的恥辱。跪在地上的國民們臉部抽搐着，千萬人在痛哭。這與日軍侵佔南京時東京的狂歡之夜形成了強烈的對比。

不知是因為緊張，還是膽怯，或者害怕，天皇在向全日本廣播《致忠良臣民書》時漏讀了一個字。他的幾乎失真的高音在廣播中響着：

「察世界之大勢及帝國現狀，朕決定採取非常措施，收拾時局。」

「帝國政府已受旨通知美、英、中、蘇四國政府，我帝國接受彼等

聯合宣言各項條件。」

日本人垂下了頭。

一九四六年一月十九日，作為同盟國最高統帥的美國麥克阿瑟將軍發表特別通告：成立遠東國際軍事法庭，審判日本主要戰犯。

南京大屠殺的劊子手松井石根與實行「三光政策」的關東軍參謀長東條英機、「土匪將軍」土肥原賢二、挑起「一‧二八」上海事變的板垣征四郎等二十八名甲級戰犯，被押上了歷史的審判台。

東京市谷高地的鋼筋水泥構築的積木式的日本舊陸軍部的禮堂，這個策劃侵略陰謀的帝國大本營，變成了審判戰爭陰謀家的國際法庭。昔日在這裏氣吞東亞、飛揚跋扈的帝國將軍們，今天被盟軍憲兵從巢鴨監獄中押到這裏，接受正義的審判。

十一個戰勝國 —— 美國、英國、法國、中國、蘇聯、荷蘭、加拿大、新西蘭、澳大利亞、印度、菲律賓的國旗像森林一樣豎立在審判席上。各國的法官和檢察官代表公理和和平，肩並着肩坐在一起。中國法官梅汝璈博士威嚴地坐在審判席中間，他的右邊是國際軍事法庭庭長、澳大利亞的韋勃爵士，左側是蘇聯法官葉揚諾夫將軍。

法律是公道和人道的。每一名戰犯都有兩名不同國籍的辯護律師，一個是日本人，另一個是美國人。美國人操縱了這次審判。

審判一開始，中國的法官們就遇到了困難。坐在審判席上的十一個大法官意見並不一致。出席遠東國際軍事法庭的中國檢察官首席顧問倪征燠先生回顧說：「那時美國妄圖復活日本軍國主義，蓄意袒護日本戰犯。他們認為除了偷襲珍珠港的東條英機等人要判處死刑外，其他都應從寬發落。幾十個美國律師在法庭上和我們搞亂。」鐵肩上擔着人間道義和民族希冀的中國法官們，處在內外交困、束手無策的境

地。蔣介石為了發動內戰，完全依附於美國，提出了對日本戰犯應該「以德報怨」，應該「優惠」，應該發揚中華民族的恕道精神。作為法庭證人的國民黨軍政部次長秦德純在出庭作證時，只會講「日本兵在中國殺人放火，無惡不作」之類的空話，被各國法官當作笑話，有人要把他拉下台去。

苦難的中國！中國的苦難太多了！

松井石根在巢鴨監獄中和鼓吹「大東亞共榮圈」的神經失常的大川周明關押在一間牢房。他教大川有關漢詩的啟蒙知識，還高興地朗誦了攻佔南京後他作的一首七絕：

懸軍奉節半星霜，聖業未成戰血腥；何貌生還老瘦骨，殘骸誓欲報英靈。

松井石根認為他的「大東亞共榮圈」的「聖業未成」，他也感到了他的兩手沾滿了「血腥」。他在牢房的牆上掛了一幅觀音畫像，每天早晚在像前合十禮拜，然後誦讀《般若心經》和《觀音經》。松井石根放下了屠刀，捧起佛經，他想立地成佛。

中國的法官們沒有松井石根這樣的清閒，他們日夜焦慮着。東京帝國飯店的一間客房裏，舉行了數不清的會議。中國的法官和檢察官，還有祕書、翻譯一次又一次地計議。他們抱定了一個決心：如果侵略我國的主要日本戰犯得不到嚴懲，無臉見江東父老，就一齊跳海自殺！

他們仔細研究英、美的法律程序，據理力爭，又調閱了盟國的大量檔案材料，從中搜尋證據。在茫茫的大海中，他們找到了一根又一根可以刺死戰犯的鋼針！一個日本軍部發給戰區司令長官的「最機密」的命令：「兵士們把他們對中國士兵和平民的殘酷行為說出來是不對的。」還有一件是蘇聯紅軍在繳獲德國外交部機密檔案庫時，發現了

站在東京軍事法庭被告席上的日本甲級戰犯

納粹德國駐南京大使館發給德國外交部的關於侵佔南京的日軍暴行的
一份祕密電報。在描述了日軍在南京屠殺、強姦、放火、搶劫的普遍
情況後，電報結尾是：「犯罪的不是這個日本人，或者那個日本人，而
是整個日本皇軍 —— 它是一部正在開動的野獸的機器。」因為它來自
法西斯陣營的內部，各國的法官們很認同其中的價值。

　　法庭需要詳盡、具體和大量的人證和物證。這是雪國恥、報深仇
的時機。中國檢察官的首席祕書、三十三歲的裘紹恆向法庭提出了實
地調查的請求。他說：「我當時不是國民黨，也不是共產黨，我只想到
我是一個中國人，是一個律師，我要維護民族氣節和法律的尊嚴，我
要依法辦事。」他帶了兩個美國人來到南京，和地方法院配合，取得了

第十四章・歷史的審判

大量實證。最後，他還帶走了大屠殺的倖存者伍長德和金陵大學的一個美籍教授。

一九四六年四月二十九日，乾瘦而矮小的松井石根，失去了當年騎着高頭大馬侵入南京時的那種威武。他低着頭，在高個子盟軍憲兵的押送下，與其他甲級戰犯一起站在被告席上，接受檢察官的起訴。

起訴書包括三類一共五十五項罪狀。與松井石根有關的達三十八項。回到獄中，他反覆讀了幾遍，在這一天的《獄中日誌》上寫了這樣的話：

「南京事件乃同余相關之主要問題，然亦指責其他眾多人員為共同責任者，而對余個人不特別予以追究，實為奇事。將來欲作為所謂殺人問題另行審議乎？要之，起訴書所述之內容，純係推斷，至於將以何種證據追究責任，應視今後審判之進行予以判明。須為適時進行辯解而做準備。」

松井石根充滿了幻想，也充滿了憂慮。他是老資格的大將，他在謀劃：該如何為南京大屠殺辯解？

南京大屠殺的倖存者、受害者和目擊者一個又一個地被傳喚到證人席上。松井石根驚愕：「美國人、英國人怎麼也站到了中國人一邊？」金陵大學醫院外科主任、美國醫生羅伯特·威爾遜述說了他目睹的被日軍殺傷的中國軍民的慘狀。約翰·梅奇牧師作為國際紅十字會南京委員會的主席，從人道主義立場控訴了日軍殺人、強姦和搶劫的事實：

「日軍佔領南京後，就有組織地進行屠殺，南京市內到處是中國人的屍體。日本兵把抓到的中國人用機槍、步槍打死，用刺刀刺死。」

「許多婦女和孩子遭到殺害。如果婦女拒絕或反抗，就被捅死。我

拍了照片和電影，從這些資料上可以看到婦女被砍頭或刺得體無完膚的情形。如果婦女的丈夫想救自己的妻子，她的丈夫也會被殺死……」

日軍的暴行太多了！梅奇牧師滔滔不絕地講了一百多件罪行。他回答了薩頓檢察官的訊問，又和松井石根的辯護律師布魯克斯脣槍舌劍起來。

很明顯，美國的布魯克斯律師站在被告一邊，他極力想宣告松井石根無罪，他提出一個又一個問題責難梅奇。然而梅奇說的都是事實，都是目睹的事實。

「你認為是強盜或者你本身被強盜搶過的事件經歷過幾回？」

「我見過偷電冰箱的日軍。另外……」他停頓了一下，他在考慮，要不要說這種對日本人來說實在太不光彩的事呢？

「還有嗎？」辯護律師在催促。梅奇牧師說了：

「一天夜裏，一個日本兵竟三次闖進我的住宅。他的目的是想強姦藏在我家裏的一個小女孩，另外就是想偷一點兒東西。他進來一次，我就大聲斥責他一次，但每次他都要偷點東西走。為了滿足他的慾望，最後一次，我故意讓他在衣服口袋中掏去了僅有的六十元紙幣。他得到了這筆錢後，便滿足地感謝了我，然後一溜煙似的從我的後門竄出去了。」

審判席上的法官和旁聽席上的羣眾哄堂大笑，恥笑這個貪財的日本兵的醜態。這是在嚴肅而沉重的東京審判中給人印象極深的一幕。

被告席上的戰犯們也失聲笑了起來。松井石根被弄得啼笑皆非，一副尷尬的神態。

法庭裏一片黑暗，一束強烈的光柱投射到白色的銀幕上，日軍在南京令人髮指的罪行一一在人們的眼前出現了：一陣槍聲，一片屍

第十四章 · 歷史的審判

體，刀光一閃，滾落一顆帶血的頭顱，渾身鮮血的中國難民在戰慄，被刀刺死的嬰兒……

各國的法官和旁聽的上千人從黑暗回到了光明。他們表示氣憤、惱怒，有的緊握拳頭表示感慨和激憤，基督教的信徒們不停地在胸前劃着十字，一些日本國民雙手合十，哭泣着，祈禱着。

檢察方面的證人證詞和各種證據材料堆起來有一尺多高，僅聽取證人證言和雙方對質就持續了二十多天。「南京安全區國際委員會」致日本大使館的暴行報告、書信及《首都地方法院檢察處奉令調查敵人罪行報告書》在法庭上被一一宣讀。雖然篇幅冗長，要把英文翻譯成日文或者中文翻譯成日文是非常麻煩的事情，但法官們很認真地傾聽着，每天都有上千人參加旁聽。廣播電台每晚穿插着音樂，向日本人民播送關於南京暴行的《這就是真相》的專題節目。

松井不服，為了否定這許多事實，他要從根本上推翻「侵略」這個罪名，他在獄中寫了《對檢察官季楠之意見書》。季楠檢察官在公判會的開頭陳述中说：

「坐在這裏的二十八名被告同希特勒之流攜起手來，對民主主義國家計劃、準備並發動了大規模的侵略戰爭，結果，使幾百萬人喪失生命，資源遭到破壞，但是他們並不以此為滿足，而要實現爭霸世界的夢想……」

松井石根辯護说：「西方帝國主義侵略東亞的戰爭同我日本進行的日清、日俄戰爭是本質上完全不同的兩種戰爭……東洋日本與中國之抗爭，一方面應視為兩國人民自然發展之衝突，同時亦可視兩國國民思想之角逐。蓋中國國民之思想，最近半世紀間明顯受歐美民主思想與蘇聯共產思想之感化，致東洋固有思想（儒教、佛教）發生顯著變

化，中國國內亦招致各種思想之混亂與紛爭，乃至形成同日本民族紛爭之原因。」關於南京大屠殺，他用一句話全盤否定：「季楠檢察官所云對俘虜、一般人、婦女施以有組織且殘忍之屠殺姦淫等，則純係誣衊。而超過軍事上需要破壞房屋財產等指責亦全為謊言。」

大日本帝國真厲害，連隔着太平洋的中國國民要接受一點兒民主思想他都不能允許。不但不允許，而且出動飛機、軍艦和百萬大軍。松井石根也真霸道，中國國內各種思想的紛爭，竟成了日本進攻中國的「原因」。

法庭繼續着控訴和辯論。被稱為「日本通」的金陵大學美籍教授貝德士站在證人席上，陳述着他目擊的悽慘情景：

「日軍進城後的幾天間，我家附近的馬路上被他們射殺了無數平民，屍體比比皆是。」

「一大羣中國兵在城外就投降了，被解除了武裝，三天後被日軍的機槍掃射死了。」……

和中國檢察官首席祕書裴紹恆一起到南京調查的美軍上校托馬斯·莫羅向法庭提供了他精心收集到的八件宣誓證詞。英國人皮特·羅倫斯和中國證人許傳音、尚德義、梁廷芳、伍長德一一站到了證人席上。他們莊嚴地在法庭上宣誓：他們陳述的都是事實。

除了這許多證人，中國檢察官還向法庭提供了美國的費吳生、史密斯和中國的魯甦、程瑞芳、孫永成、吳經才等十三人的宣誓證言六十六件。

松井石根一副懊喪、可憐和懺悔的神情。這時候，他的良知似乎喚醒了一部分，承認「士兵之罪，責在將帥」。攻佔南京時，他曾對他的部隊發出過「整飭軍紀與風紀」的訓示，但他也發出過「發揚皇軍

武威」的命令。結果呢，正如他在一九三七年十二月十八日的「忠靈祭」上斥責部下時說的那樣：「你們艱苦奮鬥，振我皇威，可惜部分士兵之暴行，使皇威一舉掃地。」

他懺悔了。「南京大屠殺」後，他被召回日本。夫人陪着他到伊豆的山淙淙園休息洗塵。他想起了他出征時隨身帶的一尊觀音佛像，他是信佛的，他知道殺生是有罪的，他害怕天公譴責他的暴行，他決定用上海到南京一路上染血的泥土，建造一座陶土觀音像。

雙手合掌、眼神慈祥的三米多高的陶瓷觀音像落成了。松井說：「這些泥土裏也滲進了中國士兵的鮮血，人死後是不分敵我的。」松井石根為觀音像寫了一篇《興亞觀音緣起》的文章刻在觀音的基石上：

中國事變，友鄰相爭，掃滅眾多生命，實乃千古之慘事也。余拜大命，轉戰江南之野，所亡生靈無數，誠不堪痛惜之至。茲為弔慰此等亡靈，特採江南各地戰場染彼鮮血之土，建此「施無畏者慈眼視眾生觀音菩薩」像，以此功德，普度眾生……

松井石根三十五歲與磯部文子結婚後，不知為甚麼，竟沒有一子半女。他是否在向佛祖祈禱，保佑他來世多子多孫。

他害怕孤獨。松井石根最後的日子，只有一個女傭來巢鴨監獄看望他。他更心酸了，他認了這個女傭為養女。

他害怕地獄比監獄更孤獨。他不願死，他要為自己辯護，他也請辯護人為他辯護。松井石根的辯護人中有七八個都是他的部下，有些被法庭認為有同案的嫌疑。

曾駐南京附近的第九師團第三十六聯隊長脅坂次郎大佐在宣誓證詞中說：「松井大將常常訓示部屬要嚴守軍紀風紀，宣撫愛護居民。」

審判席上的檢察官提問了：

1937 年，南京記憶

「被告松井石根，你見過國際委員會送交的日軍暴行報告沒有？」

「見到過。」他說。

「你採取過甚麼行動？」

「我出過一件整頓軍紀的佈告，貼在一座寺廟門口。」

「你認為在浩大的南京城內，日軍殺人如麻，每天有成千上萬的男女被屠殺和強姦，你的這張佈告會有甚麼效力嗎？」

松井石根無話可說了。他想了想，說：

「我還派了憲兵維持秩序。」

「多少憲兵？」

「記不清了，大約幾十名。」

「你認為在幾萬日軍到處瘋狂殺人、放火、強姦、搶劫的情況下，這樣少數的憲兵能起制止作用嗎？」

他低下了頭，說了一句只有他自己聽得見的話：「我想能夠。」

當證人證實當時南京只有十七名憲兵，而這些憲兵也參加了暴行的時候，松井石根一副窘態，紅着臉說不出話來了。

押回巢鴨監獄，松井又捧起了《觀音經》，他進入了生死由天的境界。

一九四八年十一月十二日下午，在經過了兩年半的漫長審訊後，宣佈了對戰犯的刑罰。

松井石根光着頭，他摘下了眼鏡，在左右兩名戴着「MP」臂章的憲兵監押下，筆直地站在審判席上接受判決：

被告　松井石根

根據起訴書中判決為有罪的罪狀，遠東國際軍事法庭處你以絞刑。

松井石根聽到「絞刑」這兩個字時，臉色蒼白，兩腿癱軟了。兩

名健壯的國際憲兵將他左右挾持，拖出了法庭。

一九四八年十二月二十三日零點，被判處絞刑的七名日本戰犯分兩批走上了絞架。第一批是東條英機、松井石根、土肥原賢二和武藤章。這四人在佛堂中簽名後，每人喝了一口葡萄酒潤潤喉嚨，並排站在絞刑架前。

東條英機提出：「請松井領大家喊萬歲。」

松井領頭喊了一聲：「天皇陛下萬歲！」

他們拖着沉重的腳步，緩慢地走上了絞刑架的十三個梯級。絞索套上了每個人的脖頸。十二月二十二日午夜的第一聲鐘聲敲響時，戰犯們腳下的活板彈開了，他們離開了大地！

以血還血

肩膀並着肩膀，軍刀靠着軍刀的兩個日軍少尉，現在肩並肩地站在中國南京的國防部審判戰犯軍事法庭上。整整十年——一九三七年的十二月，他們在紫金山下舉着滴血的軍刀，在殺了一百〇五個和一百〇六個中國難民後，揮刀再決雌雄，以砍殺一百五十個中國人為決賽的目標。他們狂笑着。軍刀舉起頭顱落，寒光閃處血雨飛！被當時的日本報紙譽為「勇壯」的第十六師團片桐部隊富山大隊的副官野田毅和富山大隊炮兵小隊長向井敏明，恐怕做夢也沒有想到，十年後的一九四七年十二月，他們竟被押到當年恣意殺人的地方接受中國人的審判！

他們手上沒有了軍刀，他們自然失去了揮舞軍刀時的那種武威。三十五歲的矮個子的野田毅四個月前在日本被捕的時候，根本沒有想到還會算十年前的這筆血債。當像軍刀一樣閃亮的鐐銬鎖住他的手腕的時候，這個畢業於陸軍士官學校的鹿兒島人可能沒有想到會被押送到南京來。

比他大一歲的向井敏明是九月二日在東京被捕的。這兩個創造了「殺人比賽」的日軍少尉是坐同一條船從日本引渡到中國來的，猶如十年前他們坐同一條船從日本到中國來作戰一樣。當黑色的囚車在南京的街道上尖叫着駛向戰犯拘留所時，他們應該記得他們在這塊土地上幹過的一切。

審判官龍鍾煌審訊野田毅的時候，野田毅卻把這一切都忘記了。他連連搖頭否認與向井敏明有過甚麼「殺人比賽」。

審判官向他出示了十年前的一張日本《東京日日新聞》報，報紙上醒目的標題和大幅的照片記錄了他們超紀錄的這場「殺人比賽」。這張作為證據的報紙是遠東國際軍事法庭寄來的。

野田毅看了一眼，説：「報紙上的記載是記者的想像。」
「難道這張照片也是想像嗎？」
「照片是記者給我們兩人合拍的。」

野田毅全然沒有了二十五歲時的那種勇氣。他害怕。他敢作不敢當。他想抹掉這筆血債。他認為，軍刀上的血早被他擦乾淨了。

留一撮濃密八字鬍的向井敏明是十二月八日被關入南京小營的戰犯拘留所的。第二天就審訊。他也否認與野田毅進行過「殺人比賽」。審判官提及《東京日日新聞》報上的新聞時，向井説：「為了回國後好找老婆，所以，叫記者虛構了這條消息。」

經過辯論，法庭認為向井敏明與野田毅殺人比賽的罪行，是同類案件，應該合併公審。十二月十八日，南京人民參加了對這兩個殺人魔王的審判。判決書上這樣寫着：

「按被告等連續屠殺俘虜及非戰鬥人員，係違反海牙陸戰規例及戰時俘虜待遇公約，應構成戰爭罪及違反人道罪。其以屠戮平民，認為武功，並以殺人做競賽娛樂，可謂窮兇極惡，蠻悍無與倫比，實為人類蟊賊，文明公敵，非予盡法嚴懲，將何以肅紀綱而維正義。」

當擁擠在法庭內外的南京市民聽到「判處死刑，執行槍決」時，有的鼓掌，有的叫好，有的竟然哭起來了。

與野田毅和向井敏明一起被判處死刑並執行槍決的，還有手持「助廣」軍刀斬殺了三百個中國平民的日軍第六師團四十五聯隊大尉中隊長田中軍吉。這個四十二歲的士官生雖然在初審時一再申辯他沒有殺人，但在檢察官出示了他持刀殺人的照片後，低下了頭。

一九四七年十二月十八日，是侵華日軍在草鞋峽集體屠殺南京軍民五萬多人十周年的祭日。

五萬多冤魂聽到了這報仇雪恨的槍聲！

血債要用血來還！

中國法官梅汝璈正在東京帝國飯店的房間裏翻閱戰犯的案卷。盟軍總部的許多高級幹部也住在這裏，這裏是盟國人士的交際中心。忽然，有人敲門，梅法官站起身來打開門，進來的是盟軍總部法務處處長卡本德。

「哈囉！」

「哈囉！」

「中國政府來電請求盟軍總部，說中國公眾情緒非常激烈，政府壓

力很大，要把谷壽夫引渡到中國受審，梅博士個人意見如何？」

梅汝璈作為中國四億五千萬同胞的代表，作為中國政府審判戰犯的代表，自然支持和理解國內公眾的心情。八年抗戰，生靈塗炭，鐵蹄所至，屍山血河！法官的正義感和民族的自尊心一齊在胸中奔湧：「應該滿足中國政府和公眾的要求。」

卡本德點了點頭，他轉而說：

「我擔心的是中國法庭能不能給谷壽夫將軍一個公平的審判，或者，至少要做出一個公平審判的樣子。」

「這點盡可放心。」梅汝璈竭力勸說卡本德答應中國提出的要求，「根據一般國際法的原則和遠東委員會處理日本戰犯的決議，對於乙級和丙級戰犯，如直接受害國有提出審判的要求，盟軍總部是不能拒絕引渡的。」

「OK，OK。」卡本德表示贊同。

已經從侵佔南京時的第六師團長升任為日本國中部防衛司令官、廣島軍管區司令官的谷壽夫，在巢鴨監獄中關押了半年後，於一九四六年八月經遠東國際軍事法庭批准，被引渡到中國上海戰犯管理所。

八月，對於谷壽夫來說，是他軍人生涯中難以忘懷的月份。一九二八年的八月，四十七歲的谷壽夫作為日軍第三師團的參謀長，第一次帶領士兵橫渡大海，踏上了他和他的部下早已嚮往的土地。那時，他的部隊佔駐在山東半島。九年後的一九三七年八月，第六師團長谷壽夫中將受命從日本熊本出發，第二次渡海入侵中國。他率領部隊先在永定河與中國軍隊作戰，然後侵佔保定、石家莊和大沽口。八月的華北，像火炬一般的紅高粱和像大海一樣寬闊的大平原使谷壽夫垂涎三

尺，為了大東亞的聖戰，殺啊！

十一月，在柳川平助中將的指揮下，他和牛島、末松師團殺到了杭州灣。登陸後，他們升起了高高的氣球，氣球下拖着一條長長的標語：「日軍百萬於杭州灣登陸！」那天陽光像金子一樣閃亮，藍的天，白的雲，綠的海水。他們沒有受到一兵一卒的阻擊，很快切斷了在上海戰場上被日軍打敗的中國軍隊的退路。接着，谷壽夫部隊沿湖州 —— 廣德 —— 牛首山，直插南京的雨花台和下關。十三日凌晨，谷壽夫率領他的士兵殺進了中華門和水西門。千里狼煙，一路血泊，日軍征服了半個中國。他們佔領了中國的首都南京。他們沒有放下刀槍，為了發揚日軍的武威，他們把六朝古都變成了火海、血海和苦海！

大海掀起了怒濤。一九四六年的八月，谷壽夫第三次到中國。這次他和前日本駐南京領事館武官磯谷廉介作為戰犯被國際軍事法庭引渡到中國接受審判。這是他生命中最後的一次旅程。八月，可怕的八月！

八月三日，第一綏靖區司令部軍事法庭對戰犯谷壽夫進行第一次審問。矮矮胖胖的谷壽夫失去了將軍的風度和武威，他戰戰兢兢地回答檢察官的訊問。他講了他的經歷和三次侵華的路線，當訊問到佔領南京後的屠殺劫掠等情況時，他心虛了，他不敢說了。

戰犯處理委員會認為：谷壽夫係侵華最為之重要戰犯，又為南京大屠殺之要犯，為便利偵訊起見，「移本部軍事法庭審判。」

囚車駛入了南京國民政府國防部小營戰犯拘留所。第三天，國防部審判戰犯軍事法庭檢察官陳光虞開始了對谷壽夫的訊問。谷壽夫承認十二月十三日由中華門入侵南京，但否認在南京有大屠殺的罪行。

谷壽夫寫了一份《陳述書》交給法庭，他說：「南京大屠殺的重點在城內中央路以北，下關揚子江沿岸，以及紫金山方向……與我第六師團無關。」「我師團於入城後未幾，即行調轉，故沒有任何關係。」

他把兩手的血跡抹得一乾二淨。事實是，谷壽夫部隊駐在中華門的十二月十三日至二十一日，正是南京大屠殺的高峯。當時的中華門內外，腥風血雨，陰森恐怖。

事實是鐵證。軍事法庭在南京全城張貼佈告，號召各界民眾特別是中華門附近的人民揭發谷壽夫部隊的罪行。壓抑在心底的仇恨火山爆發了！屍骨未朽，傷痕猶在，男女老小紛紛揭發和控訴。中華門外雨花路第十一區公所內的臨時法庭裏，有的慷慨陳詞，有的痛哭流涕，一千多位證人，證實了谷壽夫部隊燒、殺、淫、掠的罪行四百五十九起。

檢察官滿懷民族的義憤，以破壞和平罪和違反人道罪對戰犯谷壽夫提起公訴，並請處以極刑。起訴書的附件中，附有谷壽夫部隊殺人事實一百二十二例，受害人數三百三十四人；刺殺事實十四例，受害人數一百九十五人；集體殺害十五例，受害人數九十五人；其他燒死、勒死、淹死等手段殺害六十九例，受害人數三百一十人；強姦十五例，受害人數四十三人。還有搶劫及破壞財產等等實例。

接到起訴書的副本後，谷壽夫害怕了。作為與中島今朝吾、牛島貞雄、末松茂治等師團長共同縱兵大屠殺的戰犯之一，他感到罪責難逃。他想擺脫罪責，他給審判戰犯軍事法庭庭長石美瑜寫了一封要求「寬延公審」的《懇請書》，可是已經晚了。

一九四七年二月六日下午二時整，中山東路勵志社彩繪的門樓上，高高地掛起白布黑字的「國防部審判戰犯軍事法庭」的長長的橫

幅。從法庭裏拉出來的有線大喇叭吸引了成千上萬的市民。

宮殿式的大禮堂分外威嚴，紅牆綠瓦，飛樑畫棟。綠色的屋脊上，蹲伏着八頭形態生動的吻獸。高大的寶塔松華蓋似的挺立在禮堂門口。莊嚴的審判席在禮堂的講台上，台下分別為律師席、證人席、通譯席和被告席。四周擠滿了兩千多位旁聽的羣眾，全副武裝的憲兵肅立着。

「帶被告谷壽夫。」兩名頭戴鋼盔的憲兵將身材矮胖的谷壽夫押上了法庭。他光着腦袋，仍穿着草黃色的軍服——自然，早摘去了顯示軍階的那些誘人的星徽。

他在被告席上緊張地等待着。

石美瑜庭長問過了姓名、年齡、籍貫、住址後，檢察官陳光虞宣讀了浸滿石城人民血淚的起訴書。

審問到南京大屠殺的罪行時，他矢口否認。他從公文包中取出在拘留所裏想好了的辯護詞：

「戰爭一開始，雙方都要死人。對此，我只能表示遺憾。至於説我率領部下屠殺南京人民，則是沒有的事情。有傷亡的話，也是難免。」

谷壽夫自稱為純粹的軍人，對於侵華國策，從不參與。他滔滔不絕地推託罪責：「我的部屬，除了作戰外，沒有擅殺一人。」

石庭長大喊一聲：「將被害人的頭顱骨搬上來！」

法庭靜極了，人們屏息着，千萬雙目光注視着。

來了！憲兵兩人抬一個麻袋，把一袋又一袋的中華門外發掘的人頭骨倒在台下的長桌上，一個一個頭骨堆滿了長長的桌子。無言的白骨使人毛骨悚然，觸目驚心，像深井一樣黑洞洞的眼眶和張大的嘴骨，似猛虎咆哮，像怒獅狂吼！

南京市民圍聚在中國軍事法庭外聆聽審判南京大屠殺主犯的廣播實況

　　谷壽夫呆若木雞地站立着，他驚呆了。

　　旁聽的人們目睹這慘象，咬牙切齒！法醫潘英才和檢察員宋士豪宣讀了鑒定書：紅卍字會所埋屍骨及中華門外屠殺之軍民，大都為被槍殺及鐵器所擊之傷痕屬實。

　　紅卍字會副會長許傳音歷數他目擊的日軍罪行：「紅卍字會統計的埋屍四萬餘具，實際數字遠遠超過，因為日軍不准我們正式統計。」

　　金陵大學美籍教授貝德士和斯邁思也出庭作證。他們站在公理和人道的立場上，用目睹的事實證明日軍的暴行。講英語的美國人和講

第十四章・歷史的審判

谷壽夫被押解至法庭

日語的日本人都由中國人翻譯成他們誰也聽不懂誰的本國語言。自然，貝德士講得一口流利的日語，但他不想在這個場合，不願對失去人性的人發出親切的語音。

仇人見面了。失去了妻子及子女三人的姚家隆痛訴了日軍殺戮他一家的經過。他痛訴的時候，他的後頸上還有一粒日軍送給他的子彈頭在隱隱作痛。他真想衝過去把害得他家破人亡的仇人咬得粉碎！一位叫陳二姑娘的苗條女子終於盼到了洗刷恥辱的時光。十年了！她的心裏埋葬着屈辱，偷偷地飲泣了十年，她是弱者。在正義的法庭上，她挺起了胸膛：「兩個日本兵用槍對着我要強姦，我沒有辦法，他們一個一個地侮辱我。」她哭了，用淚水繼續着她的控訴！

谷壽夫低下了頭，他無話可說，無言可辯了。

人們又回到了一九三七年暗無天日的歲月中。日軍自己拍攝的宣揚他們武威的影片重現了一幕幕駭人聽聞的歷史。許多人閉上了眼，有的用雙手捂住耳朵，他們不敢看銀幕上的刀光槍彈，他們害怕喇叭

裏那撕裂心肺的怕人的音響，經歷過大屠殺的人們，不堪回首那血淋淋的日子。

七日、八日繼續傳證和辯論。八十多個南京市民滿懷深仇走上法庭，男女老少，面對面地責問民族的敵人！

十年血債一朝報！一九四七年三月十日，國防部審判戰犯軍事法庭莊嚴判決：

「被告谷壽夫，男，六十六歲，日本人，住東京都中野區富士見町五十三號，日本陸軍中將師團長。」

「被告因戰犯案件，經本庭檢察官起訴，本庭判決如下：谷壽夫在作戰期間，共同縱兵屠殺俘虜及非戰鬥人員，並強姦、搶劫、破壞財產，處死刑。」

一九四七年四月二十五日，南京國民政府府防字第一○五三號卯有代電稱：「查谷壽夫在作戰期間，共同縱兵屠殺俘虜及非戰鬥人員，並強姦、搶劫、破壞財產，既據訊證明確，原判依法從一重處以死刑，尚無不當，應予照准。至被告聲請複審之理由，核於陸海空軍審判法第四十五條之規定不合，應予駁回，希即遵照執行。」

第二天，古城南京萬人空巷，從中山路到中華門的二十里長街兩旁，人山人海。受盡了苦難的金陵市民，扶老攜幼地爭看殺人者的下場。

黑色的囚車尖叫着駛過，兩腿癱軟的谷壽夫被中國士兵架着押往刑場來了。十年前，谷壽夫曾在這裏躍馬揮刀。古老的中華門像巨人般地站立着，它用冷峻的目光注視着這幕悲喜劇，從甚麼地方進來，還從甚麼地方出去！一去不復返！

雨花台，這處被鮮血染紅的山崗，這處長滿了松柏的山崗，十年

兩腿癱軟的谷壽夫被中國士兵架着押往刑場

前是中國士兵浴血奮戰的疆場，守軍旅長朱赤和高致嵩以及他的士兵在這裏灑盡了鮮血。這裏是谷壽夫攻佔南京中華門的出發地，他怎麼也想不到，這裏會成為他的葬身之地！歷史是審判官。讓敵酋的頭顱奠祭英靈吧，烈士們一定會在長天與大海間放聲歡笑！

雨花台，這塊掩埋着千千萬萬個在南京大屠殺中遇難者遺骸的山崗，是千千萬萬冤魂的集結地。他們死不瞑目，他們在審問歷史，他們在呼喚後人！

囚車開過來了，黑色的甲殼蟲裏，鑽出了一個草黃色的影子——面無人色的谷壽夫戴着手銬，被一高一矮兩個武裝憲兵押向刑場。他戰慄着，腿在發抖。山崗四周，十萬民眾圍觀着。他們中間，有的傷疤在陣陣作痛，有的忍受着失去親人的悲哀。多行不義必自斃，作惡到頭終有報。

一九四七年四月二十六日中午十二時三十五分，隨着沉重而悠遠的槍聲，跪在地上的戰犯谷壽夫倒下了，污血從他的鼻孔和嘴裏湧出來。

歡呼聲震動山谷，鞭炮聲鋪天蓋地！這一天，南京城燃起了數不清的暗紅色的火苗——錢在燃燒，素燭在燃燒，一炷一炷的香在燃

燒，木製的或紙做的靈位前，人們在悲喜地哭泣，在悲哀地告慰亡故了十年的冤魂：「報仇了！報仇了！」一盅盅的洋河酒灑到這片血染的土地。只是，勝利的代價太大了，勝利來得太晚了！

　　正義者的勝利和不義者的失敗是不可抗拒的。歷史的辯證法就是如此。

後記

爺爺的童年

　　江蘇鳳凰少年兒童出版社邀約我為孩子們改寫、修訂我的報告文學作品《南京大屠殺》時，我的心情是忐忑的。因為這一舉世震驚的悲劇充滿了太多的恐怖、血腥和殘忍，對於花朵般的兒童來説，可能會刺激他們稚嫩的感官和神經。在侵華日軍南京大屠殺遇難同胞紀念館內，我目睹從日本來華參觀的隊伍中，有幾位穿着校服的男女學生，在展示日軍舉刀砍殺中國平民的展板前，他們用手蒙住了眼睛。名叫片平裕香的女學生抽泣着説：「我不知道日本做過這樣的事情，我不願做這樣的日本人。」另一位男生也説：「中國人民遭到了日本的禍害，我不敢抬頭看你們。」

　　孩子的心是純潔的，也是好奇的。記得一九八六年夏天我在南京城南的七家灣採訪時，有四五個小學生跟着我一家一家地聽爺爺奶奶們悲憤地訴説，他們覺得新奇，他們感到震驚！他們第一次知道了南

1937 年，南京記憶

京的這一悲劇，第一次感到心頭的沉重和沉痛。

　　由此我認為，對於少年兒童，在他們幼小的心靈中，自然需要豔陽藍天、花兒青草、小鳥鳴唱、香甜奶茶。然而，烏雲會遮住豔陽，風雨會摧殘花朵，小鳥會迷失方向，奶茶不能充飢。因此，必須讓孩子們全面而真實地認識一切事物，包括了解中國災難深重的歷史。

　　為了對下一代進行愛國主義的教育，南京市政府和有關部門多次組織學生參觀南京大屠殺紀念館，並組織他們尋訪倖存者，寫了許多感想和體會，幼小的心靈上，生長了昨天的故事和先人的苦難。

　　苦難是一本書，在描寫小白兔、大紅花、好孩子和升旗手的許許多多兒童圖書中，增添一本八十年前的南京故事，對於生活在今天的孩子們來說，是完全有必要的。因為書中所展示的人物和故事，不少是和今天的孩子們差不多的年齡。八十年前南京的少年兒童經歷了

血與火的苦難。八歲的姜根福本來有父母關愛，兄弟姐妹親密無間。可是他目睹父親被鬼子抓走，母親和小弟被日軍槍殺，二姐被日軍用刀劈死，一家九人只留下他和三歲的弟弟流浪度日。而書中寫到的周文斌，當時剛出生十多天，就被日本兵一槍打掉了左腳上的三個腳趾頭！

　　歷史是東逝的水，但書中的一切，向我們提出了關於戰爭與和平、正義和人道、貧窮與落後、集體與個人、懦弱與堅毅等等許多嚴峻的課題，這是需要一代一代人深思的，也需要春風細雨般地給幼苗以澆灌和滋養，使孩子們從小就懂得生存的艱難和人生的意義。

　　我的成人版報告文學作品《南京大屠殺》首版時間是一九八七年十二月，即「南京大屠殺」五十周年之際，它是中國作家寫的第一本記述這一歷史事件的報告文學作品。三十年來，這本書在中國大陸和中國香港、中國台灣等地多次再版或重印，並被翻譯成英語、法語、

1937 年，南京記憶

日語出版，至今共有二十多個版本，受到海內外好評。該書曾被北京市教育局列為青年文庫選編和上海市學生課外讀物，獲得全國圖書金鑰匙獎和首屆徐遲報告文學獎。

在祭奠南京大屠殺三十萬遇難同胞八十周年的時候，江蘇鳳凰少年兒童出版社將我改寫、修訂的這本書，更名為《1937 年，南京記憶》，並請專家審讀，編輯加工，配以飾圖。特別是對日軍的暴行描寫中，刪節了一些少兒不宜的殘酷和血腥的文字，使這本書更適合廣大少年兒童閱讀。在此，衷心感謝為本書付出辛勞的人們，感謝侵華日軍南京大屠殺遇難同胞紀念館的大力支持。

徐志耕

二〇一七年十一月

後　記

責任編輯　劉萄諾　楊禾語
裝幀設計　鄧佩儀
排　版　鄧佩儀
印　務　劉漢舉

1937年，南京記憶

徐志耕 / 著　　　姚　紅 / 繪

出版｜中華教育

香港北角英皇道 499 號北角工業大廈 1 樓 B 室
電話：(852) 2137 2338　傳真：(852) 2713 8202
電子郵件：info@chunghwabook.com.hk
網址：http://www.chunghwabook.com.hk

發行｜香港聯合書刊物流有限公司

香港新界荃灣德士古道 220-248 號荃灣工業中心 16 樓
電話：(852) 2150 2100　傳真：(852) 2407 3062
電子郵件：info@suplogistics.com.hk

印刷｜美雅印刷製本有限公司

香港觀塘榮業街 6 號海濱工業大廈 4 字樓 A 室

版次｜ 2022 年 12 月第 1 版第 1 次印刷
©2022 中華教育

規格｜ 16 開（240mm x 170mm）

ISBN｜ 978-988-8809-26-4